무비 스님의 사경 시리즈 9

地藏經 寫經

제2권

무비 스님의
지장경 사경 제2권

제5 지옥명호품 - 제8 염라왕중찬탄품

무비 스님 한글 번역

담앤북스

사경집을 펴내며

필자는 일찍이 불교에 귀의하여 경학과 참선과 사경과 절과 기도와 염불 등을 골고루 실참實參하면서 무엇이 가장 효과적인 수행일까 하는 생각을 누누이 하여 왔습니다. 그러다가 여러 가지 상황으로 볼 때 사경수행寫經修行이 그 어떤 수행보다도 가장 효과가 뛰어나다는 것을 깨닫게 되었습니다.

그래서 오래전 부산 금정산 아래에 〈문수선원文殊禪院〉이라는 작은 공부방을 하나 마련하여 뜻을 같이하는 불자들과 〈사경수행도량寫經修行道場〉이라는 이름으로 여러 경전을 강의도 하고 아울러 많은 사경 교재를 만들어 사경寫經만 하는 특별반 및 사경 시간을 마련하여 정진하고 있습니다.

그리고 한편 〈사경수행공동체寫經修行共同體〉라는 이름으로 전국의 많은 불자들과 사경 수행을 함께 하자는 생각을 하던 중에 마침 2008년 1월부터 전국의 스님 2백여 명이 강의를 들으러 오게 되어서 이 기회에 가장 이상적이고 친절한 사경 책을 여러 가지 준비하여 보급하게 되었습니다. 비록 어떤 조직체는 없으나 자연스럽게 그 많은 스님들의 손으로 사경 책이 전해지고 또 전해져서 그동안 1백만 권 이상이 보급되었으리라 생각합니다.

『금강경』에는 경전을 받아 지니고, 읽고, 외우고, 사경하는 공덕이 그 어떤 공덕보다 우수하다 하였고, 『법화경』에는 부처님을 대신하는 다섯 가지의 법사法師가 있으니 경전을 받아 지니고, 읽고, 외우고, 해설하고, 사경하는 일이라 하였습니다. 사경하는 일이 이와 같거늘 사경수행보다 우수한 공덕과 수행의 방법이 그 어디에 있겠습니까. 실로 불교의 수많은 수행 중에서 가장 위대한 수행이라 할 수 있을 것입니다.

새롭게 도약하는 사경수행운동이 전국으로 번져 나가서 인연을 함께하는 모든 분들이 자신이 앉은 그 자리에서 〈사경수행공동체〉의 일원이 되어 사경이 불법수행의 가장 바르고 가장 유익한 수행이라는 사실을 깨닫게 되어 열심히 정진하시기를 간절히 바랍니다.

경을 쓰는 이 공덕 수승하여라.

가없는 그 복덕 모두 회향하여

이 세상의 모든 사람 모든 생명들

무량광불 나라에서 행복하여지이다.

2022년 5월 15일

신라 화엄종찰 금정산 범어사

如天 無比 합장

사경 발원문

사경 시작한 날 :　　　　년　　　월　　　일

＿＿＿＿＿＿＿＿ 두손 모음

사	경	공	덕	수	승	행
寫	經	功	德	殊	勝	行
베낄 사	경전 경	공덕 공	덕 덕	다를 수	뛰어날 승	행할 행

무	변	승	복	개	회	향
無	邊	勝	福	皆	廻	向
없을 무	가 변	뛰어날 승	복 복	다 개	돌 회	향할 향

보	원	침	익	제	유	정
普	願	沈	溺	諸	有	情
널리 보	원할 원	가라앉을 침	빠질 익	모든 제	있을 유	뜻 정

속	왕	무	량	광	불	찰
速	往	無	量	光	佛	刹
빠를 속	갈 왕	없을 무	헤아릴 량	빛 광	부처 불	절 찰

경을 쓰는 이 공덕 수승하여라.
가없는 그 복덕 모두 회향하여
이 세상의 모든 사람 모든 생명들
무량광불 나라에서 행복하여지이다.

第	五		地	獄	名	號	品		
차례 제	다섯 오		땅 지	옥 옥	이름 명	이름 호	가지 품		

1. 지옥은 어두운 곳에 있다

爾	時	에	普	賢	菩	薩	摩	訶	薩	이
너 이	때 시		넓을 보	어질 현	보리 보	보살 살	갈 마	꾸짖을 하	보살 살	
白	地	藏	菩	薩	言	하시되	仁	者	여	願
아뢸 백	땅 지	감출 장	보리 보	보살 살	말씀 언		어질 인	사람 자		원할 원
爲	天	龍	八	部	와	及	未	來	現	在
위할 위	하늘 천	용 룡	여덟 팔	거느릴 부		및 급	아닐 미	올 래	지금 현	있을 재
一	切	衆	生	하시어	說	娑	婆	世	界	와
한 일	온통 체	무리 중	날 생		말씀 설	춤출 사	할미 파(바)	세상 세	경계 계	
及	閻	浮	提	罪	苦	衆	生	의	所	受
및 급	마을 염	뜰 부	끌 제	허물 죄	괴로울 고	무리 중	날 생		바 소	받을 수

제5. 지옥들의 이름
그때에 보현보살마하살이 지장보살에게 이르시었다.
"인자여, 원컨대 천룡팔부와 미래와 현재의 일체 중생을 위하여
사바세계와 염부제의 죄고중생이

報	處	地	獄	名	號	와	及	惡	報	等
갚을 보	곳 처	땅 지	옥 옥	이름 명	이름 호		및 급	악할 악	갚을 보	무리 등
事	하시어	使	未	來	世	末	法	衆	生	으로
일 사		하여금 사	아닐 미	올 래	세상 세	끝 말	법 법	무리 중	날 생	
知	是	果	報	케하소서	地	藏	이	答	言	하시되
알 지	이 시	과실 과	갚을 보		땅 지	감출 장		대답 답	말씀 언	
仁	者	여	我	今	에	承	佛	威	神	과
어질 인	사람 자		나 아	이제 금		이을 승	부처 불	위엄 위	신통할 신	
及	大	士	之	力	하여	略	說	地	獄	名
및 급	큰 대	선비 사	어조사 지	힘 력		간략할 약	말씀 설	땅 지	옥 옥	이름 명
號	와	及	罪	報	之	事	하리이다	仁	者	여
이름 호		및 급	허물 죄	갚을 보	어조사 지	일 사		어질 인	사람 자	
閻	浮	提	東	方	에	有	山	하되	號	曰
마을 염	뜰 부	끌 제	동녘 동	방위 방		있을 유	뫼 산		이름 호	가로 왈

죄보를 받는 곳인 지옥의 명호와 악한 보에 대한 일을 말씀하여
미래세의 말법 중생으로 하여금 이 과보를 알게 하십시오."
지장보살이 대답하였다.
"인자여, 내 지금 부처님의 위신력과 대사의 힘을 받들어
지옥의 명호와 죄보에 대한 일을 대략 말하겠습니다.
인자여, 염부제의 동쪽에 산이 있는데 이름을 철위산이라 하며

鐵	圍	니	其	山	이	黑	邃	하여	無	日
쇠 철	에워쌀 위		그 기	뫼 산		검을 흑	깊을 수		없을 무	해 일
月	光	하고	有	大	地	獄	하되	號	를	極
달 월	빛 광		있을 유	큰 대	땅 지	옥 옥		이름 호		극진할 극
無	間	이니라								
없을 무	사이 간									

2. 여러 가지 지옥들

又	有	地	獄	하되	名	曰	大	阿	鼻	요
또 우	있을 유	땅 지	옥 옥		이름 명	가로 왈	큰 대	언덕 아	코 비	
復	有	地	獄	하되	名	曰	四	角	이요	復
다시 부	있을 유	땅 지	옥 옥		이름 명	가로 왈	넉 사	뿔 각		다시 부
有	地	獄	하되	名	曰	飛	刀	요	復	有
있을 유	땅 지	옥 옥		이름 명	가로 왈	날 비	칼 도		다시 부	있을 유

그 산은 어둡고 깊어서 해와 달의 빛이 없으며
큰 지옥이 있는데 이름을 극무간이라 합니다."

"또 지옥이 있는데 이름을 아주 쉴 틈 없음이라 하며,
또 지옥이 있는데 이름을 네 모서리라 하며,
또 지옥이 있는데 이름을 나는 칼이라 하며,

地	獄	하되	名	曰	火	箭	이요	復	有	地
땅 지	옥 옥		이름 명	가로 왈	불 화	화살 전		다시 부	있을 유	땅 지
獄	하되	名	曰	夾	山	이요	復	有	地	獄
옥 옥		이름 명	가로 왈	낄 협	뫼 산		다시 부	있을 유	땅 지	옥 옥
하되	名	曰	通	槍	이요	復	有	地	獄	하되
	이름 명	가로 왈	통할 통	창 창		다시 부	있을 유	땅 지	옥 옥	
名	曰	鐵	車	요	復	有	地	獄	하되	名
이름 명	가로 왈	쇠 철	수레 거		다시 부	있을 유	땅 지	옥 옥		이름 명
曰	鐵	床	이요	復	有	地	獄	하되	名	曰
가로 왈	쇠 철	평상 상		다시 부	있을 유	땅 지	옥 옥		이름 명	가로 왈
鐵	牛	요	復	有	地	獄	하되	名	曰	鐵
쇠 철	소 우		다시 부	있을 유	땅 지	옥 옥		이름 명	가로 왈	쇠 철
衣	요	復	有	地	獄	하되	名	曰	千	刃
옷 의		다시 부	있을 유	땅 지	옥 옥		이름 명	가로 왈	일천 천	칼날 인

또 지옥이 있는데 이름을 불화살이라 하며, 또 지옥이 있는데 이름을 좁은 산이라 하며,
또 지옥이 있는데 이름을 찌르는 창이라 하며, 또 지옥이 있는데 이름을 쇠수레라 하며,
또 지옥이 있는데 이름을 쇠평상이라 하며, 또 지옥이 있는데 이름을 쇠로 된 소라 하며,
또 지옥이 있는데 이름을 쇠로 된 옷이라 하며, 또 지옥이 있는데 이름을 천 개의 칼이라 하며,

이요	復	有	地	獄	하되	名	曰	鐵	驢	요
	다시 부	있을 유	땅 지	옥 옥		이름 명	가로 왈	쇠 철	당나귀 려	
復	有	地	獄	하되	名	曰	洋	銅	이요	復
다시 부	있을 유	땅 지	옥 옥		이름 명	가로 왈	큰 바다 양	구리 동		다시 부
有	地	獄	하되	名	曰	抱	柱	요	復	有
있을 유	땅 지	옥 옥		이름 명	가로 왈	안을 포	기둥 주		다시 부	있을 유
地	獄	하되	名	曰	流	火	요	復	有	地
땅 지	옥 옥		이름 명	가로 왈	흐를 유	불 화		다시 부	있을 유	땅 지
獄	하되	名	曰	耕	舌	이요	復	有	地	獄
옥 옥		이름 명	가로 왈	밭 갈 경	혀 설		다시 부	있을 유	땅 지	옥 옥
하되	名	曰	剉	首	요	復	有	地	獄	하되
	이름 명	가로 왈	꺾을 좌	머리 수		다시 부	있을 유	땅 지	옥 옥	
名	曰	燒	脚	이요	復	有	地	獄	하되	名
이름 명	가로 왈	불사를 소	다리 각		다시 부	있을 유	땅 지	옥 옥		이름 명

또 지옥이 있는데 이름을 쇠로 된 나귀라 하며, 또 지옥이 있는데 이름을 구리물이라 하며, 또 지옥이 있는데 이름을 안는 기둥이라 하며, 또 지옥이 있는데 이름을 흐르는 불이라 하며, 또 지옥이 있는데 이름을 밭 가는 혀라 하며, 또 지옥이 있는데 이름을 목을 자름이라 하며, 또 지옥이 있는데 이름을 발을 태움이라 하며, 또 지옥이 있는데 이름을 눈을 씹어 먹음이라 하며,

曰	啗	眼	이요	復	有	地	獄	하되	名	曰
가로 왈	먹일 담	눈 안		다시 부	있을 유	땅 지	옥 옥		이름 명	가로 왈
鐵	丸	이요	復	有	地	獄	하되	名	曰	諍
쇠 철	알 환		다시 부	있을 유	땅 지	옥 옥		이름 명	가로 왈	간할 쟁
論	이요	復	有	地	獄	하되	名	曰	鐵	銖
논할 론		다시 부	있을 유	땅 지	옥 옥		이름 명	가로 왈	쇠 철	저울눈 수
요	復	有	地	獄	하되	名	曰	多	瞋	이니다
	다시 부	있을 유	땅 지	옥 옥		이름 명	가로 왈	많을 다	성낼 진	
地	藏	菩	薩	이	又	言	하시되	仁	者	여
땅 지	감출 장	보리 보	보살 살		또 우	말씀 언		어질 인	사람 자	
鐵	圍	之	內	에	有	如	是	等	地	獄
쇠 철	에워쌀 위	어조사 지	안 내		있을 유	같을 여	이 시	무리 등	땅 지	옥 옥
하되	其	數	無	限	이라	更	有	叫	喚	地
	그 기	셈 수	없을 무	한할 한		다시 갱	있을 유	부르짖을 규	부를 환	땅 지

또 지옥이 있는데 이름을 쇠구슬이라 하며, 또 지옥이 있는데 이름을 말로 다툼이라 하며, 또 지옥이 있는데 이름을 쇠저울이라 하며, 또 지옥이 있는데 이름을 많이 성냄이라 합니다."
지장보살이 또 말하기를
"어진 이여, 철위산 안에 이와 같은 많은 지옥이 있어 그 수가 한량이 없습니다.
또 소리를 지르는 지옥과

獄	과	拔	舌	地	獄	과	糞	尿	地	獄
옥 옥		뽑을 발	혀 설	땅 지	옥 옥		똥 분	오줌 뇨	땅 지	옥 옥
	과	銅	鎖	地	獄	과	火	象	地	獄	과
		구리 동	쇠사슬 쇄	땅 지	옥 옥		불 화	코끼리 상	땅 지	옥 옥	
火	狗	地	獄	과	火	馬	地	獄	과	火
불 화	개 구	땅 지	옥 옥		불 화	말 마	땅 지	옥 옥		불 화
牛	地	獄	과	火	山	地	獄	과	火	石
소 우	땅 지	옥 옥		불 화	뫼 산	땅 지	옥 옥		불 화	돌 석
地	獄	과	火	床	地	獄	과	火	梁	地
땅 지	옥 옥		불 화	평상 상	땅 지	옥 옥		불 화	들보 량	땅 지
獄	과	火	鷹	地	獄	과	鋸	牙	地	獄
옥 옥		불 화	매 응	땅 지	옥 옥		톱 거	어금니 아	땅 지	옥 옥
	과	剝	皮	地	獄	과	飮	血	地	獄	과
		벗길 박	가죽 피	땅 지	옥 옥		마실 음	피 혈	땅 지	옥 옥	

혀를 뽑는 지옥과 똥오줌지옥과 구리사슬지옥과
불코끼리지옥과 불개지옥과 불말지옥과 불소지옥과
불산지옥과 불돌지옥과 불평상지옥과 불대들보지옥과
불매지옥과 톱이빨지옥과 껍질 벗기는 지옥과 피 뽑아 마시는 지옥과

燒	手	地	獄	과	燒	腳	地	獄	과	倒
불사를 소	손 수	땅 지	옥 옥		불사를 소	다리 각	땅 지	옥 옥		넘어질 도
刺	地	獄	과	火	屋	地	獄	과	鐵	屋
가시 자	땅 지	옥 옥		불 화	집 옥	땅 지	옥 옥		쇠 철	집 옥
地	獄	과	火	狼	地	獄	인	如	是	等
땅 지	옥 옥		불 화	이리 랑	땅 지	옥 옥		같을 여	이 시	무리 등
地	獄	이거든	其	中	에	各	各	復	有	諸
땅 지	옥 옥		그 기	가운데 중		각각 각	각각 각	다시 부	있을 유	모두 제
小	地	獄	하되	或	一	或	二	며	或	三
작을 소	땅 지	옥 옥		혹 혹	한 일	혹 혹	두 이		혹 혹	석 삼
或	四	로	乃	至	百	千	이	其	中	名
혹 혹	넉 사		이에 내	이를 지	일백 백	일천 천		그 기	가운데 중	이름 명
號	는	各	各	不	同	이니다				
이름 호		각각 각	각각 각	아닐 부	한가지 동					

손을 태우는 지옥과 발을 태우는 지옥과 가시밭에 거꾸로 매다는 지옥과
불집지옥과 쇠집지옥과 불이리지옥 등이 있습니다.
이와 같은 많은 지옥이 있고 그 가운데 각각 또 여러 개의 작은 지옥이 있어
혹은 하나, 혹은 둘, 혹은 셋, 혹은 넷에서 백천에 이르며,
그 가운데의 이름도 각각 같지 아니합니다."

3. 지옥의 고통은 업에 의한 느낌

地	藏	菩	薩	이	又	告	普	賢	菩	薩
땅 지	감출 장	보리 보	보살 살		또 우	고할 고	넓을 보	어질 현	보리 보	보살 살

言	하되	仁	者	여	此	等	은	皆	是	南
말씀 언		어질 인	사람 자		이 차	무리 등		다 개	이 시	남녘 남

閻	浮	提	行	惡	衆	生	의	業	感	으로
마을 염	뜰 부	끌 제	행할 행	악할 악	무리 중	날 생		업 업	느낄 감	

如	是	라	業	力	이	甚	大	하여	能	敵
같을 여	이 시		업 업	힘 력		심할 심	큰 대		능할 능	대적할 적

須	彌	하며	能	深	巨	海	하며	能	障	聖
모름지기 수	두루 미		능할 능	깊을 심	클 거	바다 해		능할 능	막을 장	성스러울 성

道	하나니	是	故	로	衆	生	은	莫	輕	小
길 도		이 시	연고 고		무리 중	날 생		없을 막	가벼울 경	작을 소

지장보살이 또 보현보살에게 말씀하였다.
"어진 이여, 이것은 모두 남염부제의 악을 행한 중생들의 업으로 느낌이 이와 같습니다.
업력이란 매우 커서 능히 수미산에 대적할 만하며,
능히 큰 바다보다 깊으며, 능히 성스러운 도를 장애합니다.
이러한 까닭으로 중생들은 작은 악이라고 하여 가볍게 여겨

惡 하여	以	爲	無	罪 일지니	死	後	有	報
악할 악	써 이	할 위	없을 무	허물 죄	죽을 사	뒤 후	있을 유	갚을 보
하여	纖	毫	受	之 하나니	父	子	至	親 이라도
	가늘 섬	터럭 호	받을 수	어조사 지	아버지 부	아들 자	지극할 지	친할 친
岐	路	各	別 하며	縱	然	相	逢 하여도	無
갈림길 기	길 로	각각 각	다를 별	비록 종	그럴 연	서로 상	만날 봉	없을 무
肯	代	受 니다	我	今 에	承	佛	威	力
즐길 긍	대신할 대	받을 수	나 아	이제 금	이을 승	부처 불	위엄 위	힘 력
하시어	略	說	地	獄	罪	報	之	事 하리니	唯
	간략할 약	말씀 설	땅 지	옥 옥	허물 죄	갚을 보	어조사 지	일 사	오직 유
願	仁	者 는	暫	聽	是	言 하소서	普	賢
원할 원	어질 인	사람 자	잠시 잠	들을 청	이 시	말씀 언	넓을 보	어질 현
菩	薩 이	答	言 하시되	吾	以	久	知	三
보리 보	보살 살	대답 답	말씀 언	나 오	써 이	오랠 구	알 지	석 삼

죄가 없다고 하지 말지니 사람이 죽은 뒤의 그 갚음은 털끝만 한 것도 다 받게 됩니다.
아버지와 자식은 지극히 친한 사이지만 가는 길이 각각 다르며
비록 서로 만난다고 하더라도 기꺼이 대신 받을 수가 없습니다.
내가 지금 부처님의 위신력을 받들어 지옥에서 있는 죄의 과보에 대한 일을 대략 말하겠으니
원컨대 어진 이께서는 이 말을 잠깐 들으십시오."
보현보살이 대답하여 말하였다. "나는 비록 오래전부터 삼악도의 갚음을 알았으나

惡	道	報	나	望	仁	者	說	은	令	後
악할 악	길 도	갚을 보		바랄 망	어질 인	사람 자	말씀 설		하여금 영	뒤 후
世	末	法	一	切	惡	行	衆	生	으로	聞
세상 세	끝 말	법 법	한 일	온통 체	악할 악	행할 행	무리 중	날 생		들을 문
仁	者	說	하여	使	令	歸	向	佛	法	케하나이다
어질 인	사람 자	말씀 설		하여금 사	하여금 영	돌아갈 귀	향할 향	부처 불	법 법	

4. 지옥의 고통

地	藏	菩	薩	이	白	言	하시되	仁	者	여
땅 지	감출 장	보리 보	보살 살		아뢸 백	말씀 언		어질 인	사람 자	
地	獄	罪	報	其	事	如	是	하니	或	有
땅 지	옥 옥	허물 죄	갚을 보	그 기	일 사	같을 여	이 시		혹 혹	있을 유
地	獄	은	取	罪	人	舌	하여	使	牛	耕
땅 지	옥 옥		가질 취	허물 죄	사람 인	혀 설		하여금 사	소 우	밭 갈 경

어지신 이의 설하심을 바라는 것은 후세 말법시대에 일체 악행을 하는 중생으로 하여금
어지신 이의 설하심을 듣고 그들로 하여금 부처님의 법을 향하여 귀의하게 하고자 함입니다."

지장보살이 말씀하였다. "어진 이여, 지옥의 죄보를 받는 일은 이와 같습니다.
혹 어떤 지옥은 죄인의 혀를 뽑아서 소를 시켜 밭을 갈게 하며,

之 하며	或	有	地	獄 은	取	罪	人	心
어조사 지	혹 혹	있을 유	땅 지	옥 옥	가질 취	허물 죄	사람 인	마음 심
하여	夜	叉	食	之 하며	或	有	地	獄 은
	밤 야	갈래 차	먹을 식	어조사 지	혹 혹	있을 유	땅 지	옥 옥
鑊	湯	盛	沸 하여	煮	罪	人	身 하며	或
가마솥 확	끓일 탕	성할 성	끓을 비	삶을 자	허물 죄	사람 인	몸 신	혹 혹
有	地	獄 은	赤	燒	銅	柱 로	使	罪
있을 유	땅 지	옥 옥	붉을 적	불사를 소	구리 동	기둥 주	하여금 사	허물 죄
人	抱 하며	或	有	地	獄 은	飛	猛	火
사람 인	안을 포	혹 혹	있을 유	땅 지	옥 옥	날 비	사나울 맹	불 화
聚 하여	趁	及	罪	人 하며	或	有	地	獄
모을 취	쫓을 진	미칠 급	허물 죄	사람 인	혹 혹	있을 유	땅 지	옥 옥
은	一	向	寒	氷 이며	或	有	地	獄 은
	한 일	향할 향	찰 한	얼음 빙	혹 혹	있을 유	땅 지	옥 옥

혹 어떤 지옥은 죄인의 심장을 내어서 야차에게 먹게 하며,
혹 어떤 지옥은 끓는 가마솥에 죄인의 몸을 삶으며,
혹 어떤 지옥은 벌겋게 단 구리쇠 기둥을 죄인을 시켜 껴안게 하며,
혹 어떤 지옥은 맹렬한 불덩이를 날려서 죄인의 몸에 닿게 합니다.
혹 어떤 지옥은 한결같이 찬 얼음으로 되어 있으며, 혹 어떤 지옥은

無	限	糞	尿	며	或	有	地	獄	은		飛
없을 무	한할 한	똥 분	오줌 뇨		혹 혹	있을 유	땅 지	옥 옥			날 비
鐵	鏃	鑗	하며	或	有	地	獄	은		多	攢
쇠 철	쇠뭉치 질	쇠붙이 려		혹 혹	있을 유	땅 지	옥 옥			많을 다	모일 찬
火	槍	하며	或	有	地	獄	은		椎	撞	胸
불 화	창 창		혹 혹	있을 유	땅 지	옥 옥			쇠뭉치 추	칠 당	가슴 흉
背	하며	或	有	地	獄	은		俱	燒	手	足
등 배		혹 혹	있을 유	땅 지	옥 옥			함께 구	불사를 소	손 수	발 족
하며	或	有	地	獄	은		盤	繳	鐵	蛇	하며
	혹 혹	있을 유	땅 지	옥 옥			굽을 반	얽힐 교	쇠 철	뱀 사	
或	有	地	獄	은		驅	逐	鐵	狗	하며	或
혹 혹	있을 유	땅 지	옥 옥			몰 구	쫓을 축	쇠 철	개 구		혹 혹
有	地	獄	은		竝	駕	鐵	驢	니다	仁	者
있을 유	땅 지	옥 옥			나란히 병	멍에 가	쇠 철	당나귀 려		어질 인	사람 자

한량없는 똥과 오줌으로 덮여 있으며, 혹 어떤 지옥은 빈틈없이 쇠뭉치가 날며,
혹 어떤 지옥은 많은 불창으로 찌르며, 혹 어떤 지옥은 방망이로 가슴과 등을 치며,
혹 어떤 지옥은 손과 발을 모두 태우며, 혹 어떤 지옥은 쇠뱀이 서리고 감기며,
혹 어떤 지옥은 무쇠개가 물고 쫓으며, 혹 어떤 지옥은 무쇠나귀에 끌려 다닙니다.

여	如	是	等	報 로	各	各	獄	中 에
	같을 여	이 시	무리 등	갚을 보	각각 각	각각 각	옥 옥	가운데 중

有	百	千	種	業	道	之	器 하되	無	非
있을 유	일백 백	일천 천	종류 종	업 업	다스릴 도	어조사 지	그릇 기	없을 무	아닐 비

是	銅	是	鐵 이며	是	石	是	火 니	此
이 시	구리 동	이 시	쇠 철	이 시	돌 석	이 시	불 화	이 차

四	種	物 은	衆	業	行	感 이니다	若	廣
넉 사	종류 종	물건 물	무리 중	업 업	행할 행	느낄 감	만약 약	넓을 광

說	地	獄	罪	報	等	事 인대	一	一	獄
말씀 설	땅 지	옥 옥	허물 죄	갚을 보	무리 등	일 사	한 일	한 일	옥 옥

中 에	更	有	百	千	種	苦	楚 어든	何
가운데 중	다시 갱	있을 유	일백 백	일천 천	종류 종	괴로울 고	회초리 초	어찌 하

況	多	獄 이리오	我	今 에	承	佛	威	神
하물며 황	많을 다	옥 옥	나 아	이제 금	이을 승	부처 불	위엄 위	신통할 신

어진 이여, 이와 같은 많은 과보는 각 지옥마다 백천 가지 업을 다스리는 기구가 있는데
구리나 무쇠와 돌과 불로 된 것이 아님이 없습니다.
이 네 가지 물건은 여러 가지 업행으로 느끼게 됩니다.
만약 지옥에서 받는 죄보의 일들을 자세히 말씀드린다면 하나하나의 옥마다
또 백천 가지의 고초가 있는데 하물며 어찌 많은 지옥을 말로 다 표현할 수 있겠습니까.
내 지금 부처님의 위신력과

과	及	仁	者	問	하여	略	說	如	是	어니와
	및 급	어질 인	사람 자	물을 문		간략할 약	말씀 설	같을 여	이 시	

若	廣	解	說	인대는	窮	劫	不	盡	이니다
만약 약	넓을 광	풀 해	말씀 설		다할 궁	겁 겁	아닐 부	다할 진	

어지신 이의 물으심을 입어 간략하게 이와 같이 말씀드리는 것이지만 만약 자세히 해설한다면 겁을 지내도 다하지 못합니다."

第	六		如	來	讚	歎	品			
차례 제	여섯 육		같을 여	올 래	기릴 찬	찬탄할 탄	가지 품			

1. 부처님의 찬탄

爾	時	에	世	尊	이	擧	身	放	大	光
너 이	때 시		세상 세	높을 존		들 거	몸 신	놓을 방	큰 대	빛 광
明	하사	遍	照	百	千	萬	億	恒	河	沙
밝을 명		두루 변	비칠 조	일백 백	일천 천	일만 만	억 억	항상 항	물 하	모래 사
等	諸	佛	世	界	하시며	出	大	音	聲	하사
무리 등	모두 제	부처 불	세상 세	경계 계		날 출	큰 대	소리 음	소리 성	
普	告	諸	佛	世	界	一	切	諸	菩	薩
넓을 보	고할 고	모두 제	부처 불	세상 세	경계 계	한 일	온통 체	모두 제	보리 보	보살 살
摩	訶	薩	과	及	天	龍	鬼	神	人	非
갈 마	꾸짖을 하	보살 살		및 급	하늘 천	용 룡	귀신 귀	신 신	사람 인	아닐 비

제6. 여래가 찬탄하시다

그때에 세존께서는 온몸으로 큰 광명을 놓으시어
백천만억 항하강의 모래와 같이 많은 제불세계를 두루 비추시고
큰 음성을 내시어 제불세계에 널리 이르시었다.
"일체의 모든 보살마하살과 천룡과 귀신과 사람인 듯 아닌 듯한 이들은

人	等	하시되	聽	吾	今	日	에	稱	揚	讚
사람 인	무리 등		들을 청	나 오	이제 금	날 일		일컬을 칭	날릴 양	기릴 찬
歎	地	藏	菩	薩	摩	訶	薩	이	於	十
찬탄할 탄	땅 지	감출 장	보리 보	보살 살	갈 마	꾸짖을 하	보살 살		어조사 어	열 십(시)
方	世	界	에	現	大	不	可	思	議	威
방위 방	세상 세	경계 계		나타날 현	큰 대	아닐 불	가히 가	생각 사	의논할 의	위엄 위
神	慈	悲	之	力	하여	救	護	一	切	罪
신통할 신	사랑 자	슬플 비	어조사 지	힘 력		구원할 구	도울 호	한 일	온통 체	허물 죄
苦	之	事	하고	吾	滅	度	後	에	汝	等
괴로울 고	어조사 지	일 사		나 오	멸할 멸	법도 도	뒤 후		너 여	무리 등
諸	菩	薩	大	士	와	及	天	龍	鬼	神
모두 제	보리 보	보살 살	큰 대	선비 사		및 급	하늘 천	용 룡	귀신 귀	신 신
等	도	廣	作	方	便	하여	衛	護	是	經
무리 등		넓을 광	지을 작	처방 방	편할 편		지킬 위	도울 호	이 시	글 경

내가 오늘 지장보살마하살이 시방세계에 크고 불가사의한 위신력과 자비심을 나타내어
일체의 죄고를 구원하는 일을 드날리고 찬탄함을 들어라.
내가 열반한 뒤에 그대들 모든 보살 대사와 천룡과 귀신들은 널리 방편을 지어

하며	令	一	切	衆	生	으로	離	一	切	苦
	하여금 영	한 일	온통 체	무리 중	날 생		떠날 이	한 일	온통 체	괴로울 고
하고	證	涅	槃	樂	케하라					
	깨달을 증	개흙 열	쟁반 반	즐길 락						

2. 원력의 위대한 힘
1) 보광보살의 청법

說	是	語	已	시어늘	會	中	에	有	一	菩
말씀 설	이 시	말씀 어	이미 이		모일 회	가운데 중		있을 유	한 일	보리 보
薩 하니		名	曰	普	廣	이라	合	掌	恭	敬
보살 살		이름 명	가로 왈	넓을 보	넓을 광		합할 합	손바닥 장	공손할 공	공경 경
하시어	而	白	佛	言	하시되	今	見	世	尊	이
	말 이을 이	아뢸 백	부처 불	말씀 언		이제 금	볼 견	세상 세	높을 존	
讚	歎	地	藏	菩	薩 의		有	如	是	不
기릴 찬	찬탄할 탄	땅 지	감출 장	보리 보	보살 살		있을 유	같을 여	이 시	아닐 불

이 경을 지키고 보호하여 일체 중생으로 하여금
일체의 고통을 여의고 열반락을 증득하게 하라."

이렇게 말씀을 하시고 나니 법회 중에 한 보살이 있어 이름을 보광이라 하는데
합장하고 공경하여 부처님께 말하였다.
"이제 보니 세존께서는 지장보살의 이와 같이 불가사의한 큰 위신력이 있음을 찬탄하시었으니

可	思	議	大	威	神	力	하시오니	唯	願	世
가히 가	생각 사	의논할 의	큰 대	위엄 위	신통할 신	힘 력		오직 유	원할 원	세상 세
尊	하	爲	未	來	世	末	法	衆	生	하사
높을 존		위할 위	아닐 미	올 래	세상 세	끝 말	법 법	무리 중	날 생	
宣	說	地	藏	菩	薩	의	利	益	人	天
베풀 선	말씀 설	땅 지	감출 장	보리 보	보살 살		이로울 이	더할 익	사람 인	하늘 천
因	果	等	事	하여	使	諸	天	龍	八	部
인할 인	과실 과	무리 등	일 사		하여금 사	모두 제	하늘 천	용 룡	여덟 팔	거느릴 부
와	及	未	來	世	衆	生	으로	頂	受	佛
	및 급	아닐 미	올 래	세상 세	무리 중	날 생		정수리 정	받을 수	부처 불
語	케하소서	爾	時	에	世	尊	이	告	普	廣
말씀 어		너 이	때 시		세상 세	높을 존		고할 고	넓을 보	넓을 광
菩	薩	과	及	四	衆	等	하시되	諦	聽	諦
보리 보	보살 살		및 급	넉 사	무리 중	무리 등		살필 체	들을 청	살필 체

오직 바라건대 세존이시여, 미래세의 말법중생들을 위하여
지장보살이 인간과 천상을 이익되게 하는 인과에 관한 일을 설하시어
모든 천룡팔부와 미래세의 중생으로 하여금
부처님의 말씀을 이마에 받들어 가지도록 하여 주십시오."
그때에 세존께서는 보광보살과 사부대중들에게 말씀하셨다.

聽 하라		吾	當	爲	汝 하여		略	說	地	藏
들을 청		나 오	마땅 당	위할 위	너 여		간략할 약	말씀 설	땅 지	감출 장
菩	薩 의		利	益	人	天	福	德	之	事
보리 보	보살 살		이로울 이	더할 익	사람 인	하늘 천	복 복	덕 덕	어조사 지	일 사
하리라	普	廣 이		白	言 하시되		唯	然	世	尊
	넓을 보	넓을 광		아뢸 백	말씀 언		예 유	그럴 연	세상 세	높을 존
하	願	樂	欲	聞 하나이다						
	원할 원	좋아할 요	하고자할 욕	들을 문						

2) 30억겁의 죄업을 초월하다

佛	告	普	廣	菩	薩 하시되		未	來	世	中
부처 불	고할 고	넓을 보	넓을 광	보리 보	보살 살		아닐 미	올 래	세상 세	가운데 중
에	若	有	善	男	子	善	女	人 이		聞
	만약 약	있을 유	착할 선	사내 남	아들 자	착할 선	여자 여	사람 인		들을 문

"자세히 듣고 자세히 들어라. 내 마땅히 그대들을 위하여 간략하게
지장보살이 인간과 천상을 복덕으로 이익되게 하는 일을 말하겠다."
보광보살이 사뢰기를, "예, 그렇게 하여 주십시오.
세존이시여, 원컨대 즐거이 듣고자 합니다."라고 하였다.

부처님께서 보광보살에게 이르시었다. "미래세 중에 만약 선남자와 선여인이 있어서

是	地	藏	菩	薩	摩	訶	薩	名	者 와
이 시	땅 지	감출 장	보리 보	보살 살	갈 마	꾸짖을 하	보살 살	이름 명	사람 자
或	合	掌	者 와		讚	歎	者 와	作	禮
혹 혹	합할 합	손바닥 장	사람 자		기릴 찬	찬탄할 탄	사람 자	지을 작	예도 례
者 와		戀	慕	者 는		是	人 이	超	越
사람 자		그릴 연	그릴 모	사람 자		이 시	사람 인	뛰어넘을 초	넘을 월
三	十	劫	罪 하리라		普	廣 아	若	有	善
석 삼	열 십	겁 겁	허물 죄		넓을 보	넓을 광	만약 약	있을 유	착할 선
男	子	善	女	人 이		或	彩	畵	形	像
사내 남	아들 자	착할 선	여자 여	사람 인		혹 혹	채색 채	그림 화	모양 형	모양 상
커나	或	土	石	膠	漆 과	金	銀	銅	鐵
	혹 혹	흙 토	돌 석	아교 교	옻 칠	쇠 금	은 은	구리 동	쇠 철
로	作	此	菩	薩 하여	一	瞻	一	禮	者
	지을 작	이 차	보리 보	보살 살	한 일	볼 첨	한 일	예도 례	사람 자

이 지장보살마하살의 이름을 듣는 자와 혹 합장하는 자와 찬탄하는 자와
예배하는 자와 생각하고 사모하는 자는 삼십 겁의 죄업을 뛰어넘을 것이다.
보광이여, 만약 선남자와 선여인이 있어 혹 지장보살의 형상을 그림으로 그리거나
혹은 흙과 돌과 아교와 칠과 금과 은과 구리와 무쇠로 이 보살을 조성하여
한 번 보고 한 번 예배하는 자가 있으면

는	是	人	이	百	返	生	於	三	十	三
	이 시	사람 인		일백 백	횟수 반	날 생	어조사 어	석 삼	열 십	석 삼
天	하여	永	不	墮	於	惡	道	하리니	假	如
하늘 천		길 영	아닐 불	떨어질 타	어조사 어	악할 악	길 도		가령 가	같을 여
天	福	이	盡	故	로	下	生	人	間	이라도
하늘 천	복 복		다할 진	연고 고		아래 하	날 생	사람 인	사이 간	
猶	爲	國	王	하여		不	失	大	利	하리라	若
오히려 유	될 위	나라 국	임금 왕			아닐 불	잃을 실	큰 대	이로울 리		만약 약
有	女	人	이	厭	女	人	身	하여	盡	心
있을 유	여자 여	사람 인		싫어할 염	여자 여	사람 인	몸 신		다할 진	마음 심
供	養	地	藏	菩	薩	畵	像	과	及	土
이바지할 공	기를 양	땅 지	감출 장	보리 보	보살 살	그림 화	모양 상		및 급	흙 토
石	膠	漆	銅	鐵	等	像	하되	如	是	日
돌 석	아교 교	옻 칠	구리 동	쇠 철	무리 등	모양 상		같을 여	이 시	날 일

이 사람은 백 번이라도 삼십삼천에 태어나고 영원히 악도에 떨어지지 아니할 것이다.
가령 하늘의 복이 다했기 때문에 인간에 하생한다고 하더라도
오히려 국왕이 되어 큰 이익을 잃지 아니할 것이다.
만약 어떤 여인이 여인의 몸을 싫어하여 마음을 다해 지장보살의 탱화와
흙과 돌과 아교와 칠과 구리와 무쇠 등으로 된 지장보살상에 공양하되

日	不	退	하여	常	以	華	香	飮	食	과
날 일	아닐 불	물러날 퇴		항상 상	써 이	꽃 화	향기 향	마실 음	먹을 식	
衣	服	繒	綵	와	幢	幡	錢	寶	等	物
옷 의	옷 복	비단 증	비단 채		기 당	깃발 번	돈 전	보배 보	무리 등	물건 물
로	供	養	하면	是	善	女	人	이	盡	此
	이바지할공	기를 양		이 시	착할 선	여자 여	사람 인		다할 진	이 차
一	報	女	身	하고	百	千	萬	劫	에	更
한 일	갚을 보	여자 여	몸 신		일백 백	일천 천	일만 만	겁 겁		다시 갱
不	生	有	女	人	世	界	어든	何	況	復
아닐 불	날 생	있을 유	여자 여	사람 인	세상 세	경계 계		어찌 하	하물며 황	다시 부
受	女	身	이리요	除	慈	悲	願	力	故	로
받을 수	여자 여	몸 신		덜 제	사랑 자	슬플 비	원할 원	힘 력	연고 고	
要	受	女	身	하여	度	脫	衆	生	하고	承
반드시 요	받을 수	여자 여	몸 신		법도 도	벗을 탈	무리 중	날 생		이을 승

이와 같이 날마다 물러서지 아니하고 항상 꽃과 향과 음식과 의복과 수놓은 비단과
깃발과 돈과 보물 등으로 공양하면 이 선여인은 이 한 번의 여자 몸의 과보를 마치면
백천만 겁이라도 다시는 여인이 있는 세계에도 태어나지 아니하거든
하물며 어찌 여인의 몸을 받겠느냐.
오직 자비의 원력 때문에 꼭 여자의 몸을 받아서 중생들을 제도하는 경우는 제외된다.

斯	供	養	地	藏	菩	薩	之	力 과		及
이 사	이바지할 공	기를 양	땅 지	감출 장	보리 보	보살 살	어조사 지	힘 력		및 급
功	德	力	故 로		百	千	萬	劫 에		更
공 공	덕 덕	힘 력	연고 고		일백 백	일천 천	일만 만	겁 겁		다시 갱
不	復	受	女	人	之	身 하리라				
아닐 불	다시 부	받을 수	여자 여	사람 인	어조사 지	몸 신				

3) 상호가 원만하고 질병이 없다

復	次	普	廣 아		若	有	女	人 이		厭
다시 부	버금 차	넓을 보	넓을 광		만약 약	있을 유	여자 여	사람 인		싫어할 염
是	醜	陋 하며		多	疾	病	者 하여		但	於
이 시	추할 추	더러울 루		많을 다	병 질	병 병	것 자		다만 단	어조사 어
地	藏	菩	薩	像	前 에		至	心	瞻	禮
땅 지	감출 장	보리 보	보살 살	모양 상	앞 전		지극할 지	마음 심	볼 첨	예도 례

이 공양을 받는 지장보살의 위신력과 공덕력 덕분에
백천만 겁을 지나도록 다시는 여인의 몸을 받지 아니한다."

"다시 보광이여, 만약 여인이 있어 이 더럽고 병 많은 것을 싫어하여
다만 지장보살상 앞에 지극한 마음으로

食	頃	之	間 이라도	是	人 은	千	萬	劫
먹을 식	잠깐 경	어조사 지	사이 간	이 시	사람 인	일천 천	일만 만	겁 겁

中 에	所	受	生	身 이	相	貌	圓	滿
가운데 중	바 소	받을 수	날 생	몸 신	모양 상	모양 모	둥글 원	찰 만

하고	無	諸	疾	病 하리며	是	醜	陋	女	人
	없을 무	모두 제	병 질	병 병	이 시	추할 추	더러울 루	여자 여	사람 인

이	如	不	厭	是	女	身 하면	卽	百	千
	같을 여	아닐 불	싫어할 염	이 시	여자 여	몸 신	곧 즉	일백 백	일천 천

萬	億	劫	生	中 에	常	爲	王	女 와
일만 만	억 억	겁 겁	날 생	가운데 중	항상 상	될 위	임금 왕	여자 녀

乃	及	王	妃 와	宰	輔	大	姓	大	長
이에 내	및 급	임금 왕	왕비 비	재상 재	도울 보	큰 대	성 성	큰 대	어른 장

者	女 하여	端	正	受	生 하고	諸	相 이
사람 자	여자 녀	바를 단	바를 정	받을 수	날 생	모두 제	모양 상

밥을 한 끼 먹는 사이만이라도 우러러 예배하면
이 사람은 천만 겁을 지나도록 태어나는 몸의 상호가 원만하여 모든 질병이 없어질 것이며,
추하고 더러운 여인이 여자의 몸을 싫어하지 아니하면
곧 백천만억 겁의 생을 받는 중에서
항상 왕녀와 왕비와 재상과 이름 있는 종족과 대장자의 딸이 되어
단정한 몸을 받고 나서 모든 상호가 원만하게 되리라.

圓	滿	하리니	由	至	心	故	로	瞻	禮	地
둥글 원	찰 만		말미암을 유	지극할 지	마음 심	연고 고		볼 첨	예도 례	땅 지
藏	菩	薩	하면	獲	福	如	是	하리라		
감출 장	보리 보	보살 살		얻을 획	복 복	같을 여	이 시			

4) 신들이 호위한다

復	次	普	廣	아	若	有	善	男	子	善
다시 부	버금 차	넓을 보	넓을 광		만약 약	있을 유	착할 선	사내 남	아들 자	착할 선
女	人	이	能	對	地	藏	菩	薩	像	前
여자 여	사람 인		능할 능	대할 대	땅 지	감출 장	보리 보	보살 살	모양 상	앞 전
하여	作	諸	妓	樂	하며	及	歌	詠	讚	歎
	지을 작	모두 제	기생 기	노래 악		및 급	노래 가	읊을 영	기릴 찬	찬탄할 탄
하고	香	華	供	養	하되	乃	至	勸	於	一
	향기 향	꽃 화	이바지할 공	기를 양		이에 내	이를 지	권할 권	어조사 어	한 일

지극한 마음으로 지장보살을 우러러 예배했기 때문에 복을 얻음이 이와 같은 것이다."

"또 보광이여, 만약 선남자와 선여인이 있어 능히 지장보살상 앞에서
여러 가지 악기로 연주하며 노래를 읊어서 찬탄하고 향과 꽃으로 공양하거나,
한 사람이나 많은 사람에게 권하여도

人	多	人	하야도	如	是	等	輩	는	現	在
사람 인	많을 다	사람 인		같을 여	이 시	무리 등	무리 배		지금 현	있을 재
世	中	과	及	未	來	世	에	常	得	百
세상 세	가운데 중		및 급	아닐 미	올 래	세상 세		항상 상	얻을 득	일백 백
千	鬼	神	이	日	夜	衛	護	하여	不	令
일천 천	귀신 귀	신 신		해 일	밤 야	지킬 위	도울 호		아닐 불	하여금 령
惡	事	로	輒	聞	其	耳	케함이온	何	況	親
악할 악	일 사		문득 첩	들을 문	그 기	귀 이		어찌 하	하물며 황	친할 친
受	諸	橫	이리오							
받을 수	모두 제	뜻밖의 횡								

5) 원력을 등진 삶

復	次	普	廣	아	未	來	世	中	에	若
다시 부	버금 차	넓을 보	넓을 광		아닐 미	올 래	세상 세	가운데 중		만약 약

이와 같은 사람들은
현재의 세상이나 미래의 세상에도 항상 백천의 신들이 낮과 밤으로 호위해 줄 것이다.
악한 일은 귀에 들리지도 않게 되나니 어찌 하물며 친히 횡액을 받는 일이 있겠는가."

"또 보광이여, 미래 세상에

有	惡	人	과		及	惡	神	惡	鬼	見	有
있을 유	악할 악	사람 인			및 급	악할 악	신 신	악할 악	귀신 귀	볼 견	있을 유
善	男	子	善	女	人	의	歸	敬	供	養	
착할 선	사내 남	아들 자	착할 선	여자 여	사람 인		돌아갈 귀	공경 경	이바지할 공	기를 양	
讚	歎	瞻	禮	地	藏	菩	薩	形	像	하고	
기릴 찬	찬탄할 탄	볼 첨	예도 례	땅 지	감출 장	보리 보	보살 살	모양 형	모양 상		
或	妄	生	譏	毁	하며	謗	無	功	德	과	
혹 혹	망령될 망	날 생	나무랄 기	헐 훼		헐뜯을 방	없을 무	공 공	덕 덕		
及	利	益	事	라하여	或	露	齒	笑	커나	或	
및 급	이로울 이	더할 익	일 사		혹 혹	드러날 로	이 치	웃을 소		혹 혹	
背	面	非	커나	或	勸	人	共	非	하며	或	
등 배	낯 면	아닐 비		혹 혹	권할 권	사람 인	함께 공	아닐 비		혹 혹	
一	人	非	커나	或	多	人	非	커나	乃	至	
한 일	사람 인	아닐 비		혹 혹	많을 다	사람 인	아닐 비		이에 내	이를 지	

만약 악한 사람과 악한 신과 악한 귀신이 있어서 선남자와 선여인이 지장보살상에 귀의하여
공경하며 공양하고 찬탄하고 우러러 예배하는 것을 보고
혹 망령되게 꾸짖고 훼방하는 마음이 생겨 공덕과 이익되는 일이 없다고 비방하며,
혹 이를 드러내어 비웃으며, 혹 얼굴을 돌리고 그르다고 하며,
혹 남을 권하여 함께 그르다고 하며, 혹 한 사람에게 그르다고 하며,
혹 많은 사람에게 그르다고 하며

一	念	이나	生	譏	毀	者	면	如	是	之
한 일	생각 념		날 생	나무랄 기	헐 훼	사람 자		같을 여	이 시	어조사 지
人	은	至	賢	劫	千	佛	滅	度	之	後
사람 인		이를 지	어질 현	겁 겁	일천 천	부처 불	멸할 멸	법도 도	어조사 지	뒤 후
하여도	譏	毀	罪	報	로	尚	在	阿	鼻	地
	나무랄 기	헐 훼	허물 죄	갚을 보		오히려 상	있을 재	언덕 아	코 비	땅 지
獄	하여	受	極	重	罪	하리며	過	是	劫	已
옥 옥		받을 수	극진할 극	무거울 중	허물 죄		지날 과	이 시	겁 겁	이미 이
코는	方	受	餓	鬼	하며	又	經	千	劫	하여
	바야흐로 방	받을 수	주릴 아	귀신 귀		또 우	지날 경	일천 천	겁 겁	
復	受	畜	生	하며	又	經	千	劫	하여	方
다시 부	받을 수	짐승 축	날 생		또 우	지날 경	일천 천	겁 겁		바야흐로 방
得	人	身	하나니	縱	得	人	身	하여도	貧	窮
얻을 득	사람 인	몸 신		비록 종	얻을 득	사람 인	몸 신		가난할 빈	다할 궁

한순간이라도 꾸짖고 훼방하는 자가 있다면
이와 같은 사람은 현겁의 천불이 열반하신 뒤가 되더라도
비방하고 헐뜯은 죄로 오히려 아비지옥에서 극심한 중죄를 받을 것이며,
이 겁을 지난 뒤에 바야흐로 아귀가 되며, 또 천 겁을 지난 뒤에 다시 축생이 되며,
또 천 겁을 지난 뒤에 가서야 바야흐로 사람의 몸을 얻게 되리라.
비록 사람의 몸을 받았다 할지라도 빈궁하고 하천하여

下	賤	하고	諸	根	이	不	具	하며	多	被
아래 하	천할 천		모두 제	뿌리 근		아닐 불	갖출 구		많을 다	입을 피
惡	業	이	來	結	其	身	하여	不	久	之
악할 악	업 업		올 내	맺을 결	그 기	몸 신		아닐 불	오랠 구	어조사 지
間	에		復	墮	惡	道	하리니	是	故	로	普
사이 간			다시 부	떨어질 타	악할 악	길 도		이 시	연고 고		넓을 보
廣	아		譏	毀	他	人	供	養	하여도	尙	獲
넓을 광			나무랄 기	헐 훼	다를 타	사람 인	이바지할 공	기를 양		오히려 상	얻을 획
此	報	어든	何	況	別	生	惡	見	毀	滅
이 차	갚을 보		어찌 하	하물며 황	다를 별	날 생	악할 악	견해 견	헐 훼	멸할 멸
이리오										

6) 병자를 위해 경을 읽어라

눈, 귀, 코 등의 모습들을 제대로 갖추지 못하며,
많은 악업이 몸에 와서 맺어져서 오래지 아니하여 다시 악도에 떨어지게 되리라.
그러므로 보광이여, 타인의 공양을 비난하고 훼방하더라도 오히려 이러한 갚음을 받거든
하물며 어찌 특별히 악한 소견을 내어서 헐뜯고 비방하겠는가."

復	次	普	廣	아	若	未	來	世	에	有
다시 부	버금 차	넓을 보	넓을 광		만약 약	아닐 미	올 래	세상 세		있을 유
男	子	女	人	이		久	患	狀	枕	하여	求
사내 남	아들 자	여자 여	사람 인			오랠 구	근심 환	형상 상	베개 침		구할 구
生	求	死		호대	了	不	可	得	하며	或	夜
날 생	구할 구	죽을 사			마칠 요	아닐 불	가히 가	얻을 득		혹 혹	밤 야
夢	에	惡	鬼	乃	及	家	親	하며	或	遊
꿈 몽		악할 악	귀신 귀	이에 내	및 급	집 가	친할 친		혹 혹	놀 유
險	道	하며	或	多	魘	寐	魅	하여	共	鬼
험할 험	길 도		혹 혹	많을 다	가위눌릴 염	잘 매	도깨비 매		함께 공	귀신 귀
神	遊	하며	日	月	歲	深	하되	轉	復	尫
신 신	놀 유		날 일	달 월	해 세	깊을 심		구를 전	다시 부	허약할 왕
瘵	하여	睡	中	叫	喚	하여	悽	慘	不	樂
앓을 채		잘 수	가운데 중	부르짖을 규	부를 환		슬퍼할 처	참혹할 참	아닐 불	즐길 락

"다시 또 보광이여, 만약 미래 세상에 남자나 여인이 있어
오랜 병으로 침상에 누워서 살기를 구하거나 죽기를 구해도 마침내 마음대로 될 수가 없고,
혹 꿈에 악한 귀신과 또는 일가 친족들이 나타나며, 혹은 험한 길에서 놀며,
혹은 많은 도깨비와 귀신과 함께 놀아서
세월이 오래되어 점점 몸이 마르고 야위어서 잠자다가도 괴로워 소리를 지르고,
처참하게 괴로워하는 것은

者 는	此	皆	是	業	道	論	對 에		未
것 자	이 차	다 개	이 시	업 업	길 도	논할 론	대할 대		아닐 미
定	輕	重 하여		或	難	捨	壽 하며	或	不
정할 정	가벼울 경	무거울 중		혹 혹	어려울 난	버릴 사	목숨 수	혹 혹	아닐 부
得	愈 하여		男	女	俗	眼 이		不	辨	是
얻을 득	나을 유		사내 남	여자 녀	풍속 속	눈 안		아닐 불	분별할 변	이 시
事 하나니		但	當	對	諸	佛	菩	薩	像	前
일 사		다만 단	마땅 당	대할 대	모두 제	부처 불	보리 보	보살 살	모양 상	앞 전
하여	高	聲	轉	讀	此	經	一	遍 커나		或
	높을 고	소리 성	구를 전	읽을 독	이 차	글 경	한 일	횟수 편		혹 혹
取	病	人 의		可	愛	之	物 이어나		或	衣
가질 취	병 병	사람 인		가히 가	사랑 애	어조사 지	물건 물		혹 혹	옷 의
服	寶	貝 와		莊	園	舍	宅 을		對	病
옷 복	보배 보	조개 패		꾸밀 장	동산 원	집 사	집 택		대할 대	병 병

이것은 모두 업장의 경중을 정하지 못하여 그런 것이다.
목숨을 버리기도 어렵고 병이 나을 수도 없으니
보통 남녀의 속된 안목으로는 도저히 이 일을 알지 못한다.
이러한 때는 다만 마땅히 부처님이나 보살상 앞에서 소리를 높여 이 경문을 한 번 읽고
혹은 병인이 가장 아끼는 물건이나 혹은 의복과 보석, 패물과 동산과 사택으로써

人	前	하여	高	聲	唱	言	하되	我	某	甲
사람 인	앞 전		높을 고	소리 성	노래 창	말씀 언		나 아	아무 모	아무개 갑
等	이	爲	是	病	人	하여	對	經	像	前
무리 등		위할 위	이 시	병 병	사람 인		대할 대	글 경	모양 상	앞 전
하여	捨	하되	諸	等	物	하되	或	供	養	經
	버릴 사		모두 제	무리 등	물건 물		혹 혹	이바지할 공	기를 양	글 경
像	커나	或	造	佛	菩	薩	形	像	커나	或
모양 상		혹 혹	지을 조	부처 불	보리 보	보살 살	모양 형	모양 상		혹 혹
造	塔	寺	커나	或	燃	油	燈	커나	或	施
지을 조	탑 탑	절 사		혹 혹	탈 연	기름 유	등 등		혹 혹	베풀 시
常	住	하거나	如	是	三	白	病	人	하여	遣
항상 상	살 주		같을 여	이 시	석 삼	아뢸 백	병 병	사람 인		하여금 견
令	聞	知	하면	假	使	諸	識	이	分	散
하여금 영	들을 문	알 지		가령 가	가령 사	모두 제	알 식		나눌 분	흩을 산

병든 사람 앞에서 소리 높여 불러서 말하기를, '나 아무개가 이 병든 사람을 위하여
경전과 형상 앞에서 모든 물건을 희사한다'고 할 것이며,
혹은 '경전과 형상에 공양한다'고 하며, 혹은 '부처님과 보살의 형상을 조성한다'고 하며,
혹은 '탑과 절을 이룩한다'고 하며, 혹은 '기름으로 등을 켠다'고 하며, 혹은 '상주물로 보시한다'고 하며,
이와 같이 병든 사람에게 세 번을 말해 주어 그로 하여금 알아듣게 하라.
가령 모든 의식이 분산되어

하여	至	氣	盡	者	라도	一	日	二	日	三
	이를 지	기운 기	다할 진	것 자		한 일	날 일	두 이	날 일	석 삼

日	四	日	로	乃	至	七	日	히	但	高
날 일	넉 사	날 일		이에 내	이를 지	일곱 칠	날 일		다만 단	높을 고

聲	白	事	하며	高	聲	讀	經	하면	是	人
소리 성	아뢸 백	일 사		높을 고	소리 성	읽을 독	글 경		이 시	사람 인

은	命	終	之	後	에	宿	殃	重	罪	로
	목숨 명	마칠 종	어조사 지	뒤 후		묵을 숙	재앙 앙	무거울 중	허물 죄	

至	于	五	無	間	罪	라도	永	得	解	脫
이를 지	어조사 우	다섯 오	없을 무	사이 간	허물 죄		길 영	얻을 득	풀 해	벗을 탈

하며	所	受	生	處	에	常	知	宿	命	하리니
	바 소	받을 수	날 생	곳 처		항상 상	알 지	묵을 숙	목숨 명	

何	況	善	男	子	善	女	人	이	自	書
어찌 하	하물며 황	착할 선	사내 남	아들 자	착할 선	여자 여	사람 인		스스로 자	쓸 서

기운이 다한 데 이른다 하더라도 하루 이틀 사흘 나흘 내지는 칠 일이 될 때까지
다만 소리를 높여 이 일을 말하여 주고 소리를 높여 경을 읽어 주면
이 사람은 명이 다한 뒤에 숙세의 재앙과 무거운 죄와 오무간지옥에 이를 죄라 할지라도
영원히 해탈을 얻고 다시 태어나는 곳에서 항상 숙명을 알게 되거든
하물며 선남자와 선여인이 자기가 이 경을 쓰거나

此	經	커나	或	敎	人	書	하며	或	自	塑
이 차	글 경		혹 혹	하여금 교	사람 인	쓸 서		혹 혹	스스로 자	흙 빚을 소
畫	菩	薩	形	像	커나	乃	至	敎	人	塑
그림 화	보리 보	보살 살	모양 형	모양 상		이에 내	이를 지	하여금 교	사람 인	흙 빚을 소
畫	이리요	所	受	果	報	는	必	獲	大	利
그림 화		바 소	받을 수	과실 과	갚을 보		반드시 필	얻을 획	큰 대	이로울 리
하리니	是	故	로	普	廣	아	若	見	有	人
	이 시	연고 고		넓을 보	넓을 광		만약 약	볼 견	있을 유	사람 인
이	讀	誦	是	經	커나	乃	至	一	念	이나
	읽을 독	외울 송	이 시	글 경		이에 내	이를 지	한 일	생각 념	
讚	歎	是	經	하며	或	恭	敬	是	經	者
기릴 찬	찬탄할 탄	이 시	글 경		혹 혹	공손할 공	공경 경	이 시	글 경	사람 자
어든	汝	須	百	千	方	便	으로	勸	是	等
	너 여	모름지기 수	일백 백	일천 천	처방 방	편할 편		권할 권	이 시	무리 등

혹 사람을 시켜 쓰게 하며, 혹 자기가 보살의 형상을 조성하거나 그림으로 그리든지,
또는 사람을 시켜서 조성하게 하고 그리게 하면,
그가 받는 과보는 반드시 크게 이로움을 얻을 것이다.
그러므로 보광이여, 만약 어떤 사람이 이 경을 독송하거나
또는 한순간이나마 이 경을 찬탄하며, 혹 이 경을 공경하는 자를 보거든
그대는 모름지기 백천 가지 방편으로 이러한 사람들을 권하여

人 하되		勤	心	莫	退 하면		能	得	未	來
사람 인		부지런할 근	마음 심	없을 막	물러날 퇴		능할 능	얻을 득	아닐 미	올 래
現	在 에		百	千	萬	億	不	可	思	議
지금 현	있을 재		일백 백	일천 천	일만 만	억 억	아닐 불	가히 가	생각 사	의논할 의
功	德 하리라									
공 공	덕 덕									

7) 꿈자리가 어지러운 이유

復	次	普	廣 아		若	未	來	世	界 에	
다시 부	버금 차	넓을 보	넓을 광		만약 약	아닐 미	올 래	세상 세	경계 계	
諸	衆	生	等 이		或	夢	或	寐 에		見
모두 제	무리 중	날 생	무리 등		혹 혹	꿈 몽	혹 혹	잘 매		볼 견
諸	鬼	神 과		乃	及	諸	形 의		或	悲
모두 제	귀신 귀	신 신		이에 내	및 급	모두 제	모양 형		혹 혹	슬플 비

부지런한 마음이 퇴전치 않게 하라.
그렇게 한다면 능히 미래세와 현재에 백천만억의 불가사의한 공덕을 얻게 되리라."

"그리고 또 보광이여, 만약 미래 세상에 모든 중생들이 혹은 꿈꾸거나 혹은 잠잘 때에
모든 귀신들이 여러 가지 형상으로 변하여 혹 슬퍼하거나 혹 울기도 하며

或	啼	하며	或	愁	或	歎	하며	或	恐	或
혹 혹	울 제		혹 혹	시름 수	혹 혹	탄식할 탄		혹 혹	두려울 공	혹 혹
怖	하나니	此	는	皆	是	一	生	十	生	과
두려워할 포		이 차		다 개	이 시	한 일	날 생	열 십	날 생	
百	生	千	生	의	過	去	父	母	와	男
일백 백	날 생	일천 천	날 생		지날 과	갈 거	아버지 부	어머니 모		사내 남
女	弟	妹	와	夫	妻	眷	屬	이	在	於
여자 녀	아우 제	누이 매		지아비 부	아내 처	돌볼 권	무리 속		있을 재	어조사 어
惡	趣	하여	未	得	出	離	로되	無	處	希
악할 악	갈래 취		아닐 미	얻을 득	날 출	떠날 리		없을 무	곳 처	바랄 희
望	福	力	으로	救	拔	苦	惱	일새	當	告
바랄 망	복 복	힘 력		구원할 구	뽑을 발	괴로울 고	번뇌할 뇌		마땅 당	고할 고
宿	世	骨	肉	하여	使	作	方	便	하여	願
묵을 숙	세상 세	뼈 골	혈연 육		하여금 사	지을 작	처방 방	편할 편		원할 원

혹 근심하고 혹 탄식하며, 혹 두려워하고 혹 겁을 내는 모습이 보이기도 한다.
이것은 모두 일 생이나 십 생 또는 백 생이나 천 생의 과거의 부모와
자녀와 형제 자매와 남편, 아내 등 권속들이 악도에서 벗어나지 못해서이다.
복력으로 고뇌에서 구원하여 줄 사람이 아무 데도 없으므로
어쩔 수 없이 숙세의 가족들에게 호소하여
그들로 하여금 방편을 지어 악도를 벗어나게 하여 주기를 원하는 것이다.

離	惡	道	하나니	普	廣	아	汝	以	神	力
떠날 리	악할 악	길 도		넓을 보	넓을 광		너 여	써 이	신통할 신	힘 력
으로	遣	是	眷	屬	하여	令	對	諸	佛	菩
	하여금 견	이 시	돌볼 권	무리 속		하여금 영	대할 대	모두 제	부처 불	보리 보
薩	像	前	하여	至	心	으로	自	讀	此	經
보살 살	모양 상	앞 전		지극할 지	마음 심		스스로 자	읽을 독	이 차	글 경
커나	或	請	人	讀	하여	其	數	三	遍	커나
	혹 혹	청할 청	사람 인	읽을 독		그 기	셈 수	석 삼	횟수 편	
或	至	七	遍	하면	如	是	惡	道	眷	屬
혹 혹	이를 지	일곱 칠	횟수 편		같을 여	이 시	악할 악	길 도	돌볼 권	무리 속
이	經	聲	의	畢	是	遍	數	하면	當	得
	글 경	소리 성		마칠 필	이 시	횟수 편	셈 수		마땅 당	얻을 득
解	脫	하여	乃	至	夢	寐	之	中	에	永
풀 해	벗을 탈		이에 내	이를 지	꿈 몽	잘 매	어조사 지	가운데 중		길 영

보광이여, 그대는 신통력으로 이 권속들을 시켜서
그들로 하여금 부처님과 보살의 형상 앞에 나아가 지극한 마음으로
스스로 이 경을 독송하거나 혹은 사람을 청하여 읽게 하여
그 수가 세 번 혹 일곱 번에 이르게 되면,
이와 같은 악도의 권속들은 경을 읽는 소리가 이 횟수를 마칠 때에
마땅히 해탈을 얻어 꿈속이라도 영원토록 다시는 보이지 아니하리라."

不	復	見	하리라							
아닐 불	다시 부	볼 견								

8) 미천한 이는 존귀하게 된다

復	次	普	廣	아	若	未	來	世	에	有
다시 부	버금 차	넓을 보	넓을 광		만약 약	아닐 미	올 래	세상 세		있을 유
諸	下	賤	等	人	의	或	奴	或	婢	와
모두 제	아래 하	천할 천	무리 등	사람 인		혹 혹	종 노	혹 혹	여자 종 비	
乃	至	諸	不	自	由	之	人	이	覺	知
이에 내	이를 지	모두 제	아닐 부	스스로 자	말미암을 유	어조사 지	사람 인		깨달을 각	알 지
宿	業	하고	要	懺	悔	者	至	心	瞻	禮
묵을 숙	업 업		구할 요	뉘우칠 참	뉘우칠 회	것 자	지극할 지	마음 심	볼 첨	예도 례
地	藏	菩	薩	形	像	하여	乃	至	於	一
땅 지	감출 장	보리 보	보살 살	모양 형	모양 상		이에 내	이를 지	어조사 어	한 일

"다시 또 보광이여, 만약 미래 세상에 모든 미천한 사람이거나
혹은 남자 종이거나 혹은 여자 종이나 또는 부자유한 사람이 되어
숙세의 업을 깨달아서 참회하고자 하거든
지극한 마음으로 지장보살의 형상을 우러러서

七	日	中	에	念	菩	薩	名	하여	可	滿
일곱 칠	날 일	가운데 중		생각 염	보리 보	보살 살	이름 명		가히 가	찰 만
萬	遍	하면	如	是	等	人	은		盡	此	報
일만 만	횟수 편		같을 여	이 시	무리 등	사람 인			다할 진	이 차	갚을 보
後	千	萬	生	中	에		常	生	尊	貴	하여
뒤 후	일천 천	일만 만	날 생	가운데 중			항상 상	날 생	높을 존	귀할 귀	
更	不	經	歷	三	惡	道	苦	하리라
다시 갱	아닐 불	지날 경	지날 력	석 삼	악할 악	길 도	괴로울 고	

9) 숙세의 재앙에서 벗어난다

復	此	普	廣	아	若	未	來	世	中	閻
다시 부	이 차	넓을 보	넓을 광		만약 약	아닐 미	올 래	세상 세	가운데 중	마을 염
浮	提	內	에	刹	利	婆	羅	門	長	者
뜰 부	끌 제	안 내		절 찰	이로울 리	할미 파(바)	그물 라	문 문	어른 장	사람 자

칠 일 동안 보살의 명호를 외워서 만 번을 채우게 되면
이 사람은 이 과보를 다 받은 뒤에는 천만 번을 태어나도 항상 존귀한 데 태어나고
다시는 삼악도의 고통을 겪지 아니할 것이다."

"다시 또 보광이여, 만약 미래 세상 가운데 염부제 안에서
찰제리나 바라문이나 장자나 거사 등 일체의 사람들과

居	士	一	切	人	等	과	及	異	姓	種
살 거	선비 사	한 일	온통 체	사람 인	무리 등		및 급	다를 이	성 성	종류 종
族	에	有	新	生	者	或	男	或	女	어든
겨레 족		있을 유	새 신	날 생	사람 자	혹 혹	사내 남	혹 혹	여자 녀	
七	日	之	中	에	早	與	讀	誦	此	不
일곱 칠	날 일	어조사 지	가운데 중		이를 조	더불어 여	읽을 독	외울 송	이 차	아닐 불
可	思	議	經	典	하고	更	爲	念	菩	薩
가히 가	생각 사	의논할 의	글 경	법 전		다시 갱	할 위	생각 염	보리 보	보살 살
名	號	하되	可	滿	萬	遍	하면	是	新	生
이름 명	이름 호		가히 가	찰 만	일만 만	횟수 편		이 시	새 신	날 생
子	或	男	或	女	의	宿	有	殃	報	를
아들 자	혹 혹	사내 남	혹 혹	여자 녀		묵을 숙	있을 유	재앙 앙	갚을 보	
便	得	解	脫	하여	安	樂	易	養	하고	壽
곧 변	얻을 득	풀 해	벗을 탈		편안 안	즐길 락	쉬울 이	기를 양		목숨 수

다른 성을 가진 종족에게 새로 태어나는 자가 있어서 혹은 남자거나 혹은 여자거나를 막론하고
칠 일 안에 일찍이 이 불가사의 경전을 독송하고
다시 보살의 명호를 외워서 만 번을 채우게 되면,
이 새로 태어난 아이가 혹은 남자거나 혹은 여자거나
숙세의 재앙의 과보를 곧 해탈하게 되어
안락하게 잘 자라며 수명이 더욱 길어질 것이다.

命	이	增	長	하리며	若	是	承	福	生	者
목숨 명		더할 증	길 장		만약 약	이 시	이을 승	복 복	날 생	사람 자
면		轉	增	安	樂	하며	及	與	壽	命	하리라
		구를 전	더할 증	편안 안	즐길 락		및 급	더불어 여	목숨 수	목숨 명

10) 10재일에 지장경을 읽어라

復	次	普	廣	아	若	未	來	世	衆	生
다시 부	버금 차	넓을 보	넓을 광		만약 약	아닐 미	올 래	세상 세	무리 중	날 생
이	於	月	一	日	八	日	과	十	四	日
	어조사 어	달 월	한 일	날 일	여덟 팔	날 일		열 십	넉 사	날 일
十	五	日	과	十	八	日	二	十	三	과
열 십	다섯 오	날 일		열 십	여덟 팔	날 일	두 이	열 십	석 삼	
二	十	四	二	十	八	日	과	二	十	九
두 이	열 십	넉 사	두 이	열 십	여덟 팔	날 일		두 이	열 십	아홉 구

만약 이러한 복을 받아서 태어난 자는
더욱 더 안락하게 되고 수명이 길어질 것이다."

"다시 또 보광이여, 만약 미래 세상의 중생들은 달마다
1일, 8일, 14일, 15일, 18일, 23일, 24일, 28일, 29일, 30일 등

日	乃	至	三	十	日	인	是	諸	日	等
날 일	이에 내	이를 지	석 삼	열 십	날 일		이 시	모두 제	날 일	무리 등
은	諸	罪	結	集	하여		定	其	輕	重	하나니
	모두 제	허물 죄	맺을 결	모을 집			정할 정	그 기	가벼울 경	무거울 중	
南	閻	浮	提	衆	生	의	擧	止	動	念
남녘 남	마을 염	뜰 부	끌 제	무리 중	날 생		들 거	그칠 지	움직일 동	생각 념
이	無	不	是	業	이며		無	不	是	罪	어든
	없을 무	아닐 불	이 시	업 업			없을 무	아닐 불	이 시	허물 죄	
何	況	恣	情	으로	殺	生	竊	盜	하며	邪
어찌 하	하물며 황	마음대로 자	뜻 정		죽일 살	날 생	훔칠 절	도둑 도		간사할 사
淫	妄	語	하는	百	千	罪	狀	이리오	若	能
음란할 음	망령될 망	말씀 어		일백 백	일천 천	허물 죄	형상 상		만약 약	능할 능
於	是	十	齋	之	日	에	對	佛	菩	薩
어조사 어	이 시	열 십	재계할 재	어조사 지	날 일		대할 대	부처 불	보리 보	보살 살

이런 날에 모든 죄업을 모아서 그 경중을 정하게 된다.
남염부제 중생들의 걷고, 서고, 움직이고, 생각하는 것이
업이 아닌 것이 없고 죄가 아닌 것이 없다.
어찌 하물며 마음 내키는 대로 산 생명을 죽이며 도적질하고 사음하며
거짓말하는 백천 가지 죄상들을 다 열거할 수 있겠는가?
만약 능히 이 십재일에 부처님과 보살과 모든 성현의 형상 앞에 나아가

과	及	諸	賢	聖	像	前	하여	轉	讀	是
	및 급	모두 제	어질 현	성인 성	모양 상	앞 전		구를 전	읽을 독	이 시
經	一	遍	하면	東	西	南	北	百	由	旬
글 경	한 일	횟수 편		동녘 동	서녘 서	남녘 남	북녘 북	일백 백	말미암을 유	열흘 순
內	에	無	諸	災	難	하며	當	此	居	家
안 내		없을 무	모두 제	재앙 재	어려울 난		마땅 당	이 차	살 거	집 가
에	若	長	若	幼	커나	現	在	未	來	百
	및 약	어른 장	및 약	어릴 유		지금 현	있을 재	아닐 미	올 래	일백 백
千	世	中	에	永	離	惡	趣	할것이니	能	於
일천 천	세상 세	가운데 중		길 영	떠날 리	악할 악	갈래 취		능할 능	어조사 어
十	齋	日	에	每	轉	一	遍	하면	現	世
열 십	재계할 재	날 일		매양 매	구를 전	한 일	횟수 편		지금 현	세상 세
에	令	此	居	家	로	無	諸	橫	病	하고
	하여금 영	이 차	살 거	집 가		없을 무	모두 제	뜻밖의 횡	병 병	

이 경을 한 번 읽으면 동서남북의 백 유순 안에서는 모든 재난이 없어질 것이며,
또 그 집에 있는 어른이나 어린이도 현재와 미래의 백천 세 가운데 영원히 악도를 여읠 것이다.
능히 십재일마다 이 경을 한 번씩 읽으면
현세에 그가 사는 집에 모든 횡액과 질병이 없어지고

衣	食	이	豊	溢	할것이니	是	故	로	普	廣
옷 의	먹을 식		풍년 풍	넘칠 일		이 시	연고 고		넓을 보	넓을 광
아	當	知	하라	地	藏	菩	薩	이	有	如
	마땅 당	알 지		땅 지	감출 장	보리 보	보살 살		있을 유	같을 여
是	等	不	可	說	百	千	萬	億	大	威
이 시	무리 등	아닐 불	가히 가	말씀 설	일백 백	일천 천	일만 만	억 억	큰 대	위엄 위
神	力	利	益	之	事	하니	閻	浮	衆	生
신통할 신	힘 력	이로울 이	더할 익	어조사 지	일 사		마을 염	뜰 부	무리 중	날 생
이	於	此	大	士		有	大	因	緣	하니
	어조사 어	이 차	큰 대	선비 사		있을 유	큰 대	인할 인	인연 연	
是	諸	衆	生	이	聞	菩	薩	名	커나	見
이 시	모두 제	무리 중	날 생		들을 문	보리 보	보살 살	이름 명		볼 견
菩	薩	像	커나	乃	至	聞	是	經	三	字
보리 보	보살 살	모양 상		이에 내	이를 지	들을 문	이 시	글 경	석 삼	글자 자

의식이 풍족하게 넘칠 것이다. 이러한 까닭으로 보광이여,
지장보살에게는 이와 같은 말로써는 도저히 표현할 수 없는
백천만억의 큰 위신력으로 이익이 되는 일이 있다는 것을 알아야 한다.
염부제 중생들이 이 보살에게 큰 인연이 있기 때문이니
이러한 여러 중생들은 보살의 명호를 듣거나 보살의 형상을 보거나
이 경의 세 글자나 다섯 글자나

五	字	어나	或	一	偈	一	句	者	는	現
다섯 오	글자 자		혹 혹	한 일	게송 게	한 일	글귀 구	사람 자		지금 현
在	에	殊	妙	安	樂	하며	未	來	之	世
있을 재		다를 수	묘할 묘	편안 안	즐길 락		아닐 미	올 래	어조사 지	세상 세
百	千	萬	生	에	常	得	端	正	하여	生
일백 백	일천 천	일만 만	날 생		항상 상	얻을 득	바를 단	바를 정		날 생
尊	貴	家	하리라							
높을 존	귀할 귀	집 가								

3. 지장경의 세 가지 이름

爾	時	에	普	廣	菩	薩	이	聞	佛	如
너 이	때 시		넓을 보	넓을 광	보리 보	보살 살		들을 문	부처 불	같을 여
來	의	稱	揚	讚	歎	地	藏	菩	薩	하시옵고
올 래		일컬을 칭	날릴 양	기릴 찬	찬탄할 탄	땅 지	감출 장	보리 보	보살 살	

혹 한 게송이나 한 구절을 듣는 자는 현재에도 특별히 빼어나고 묘한 안락을 얻을 것이며, 미래의 세상에도 백천만 생 동안 항상 단정함을 얻어 존귀한 집안에 태어나리라."

그때에 보광보살이 부처님께서 지장보살을 칭찬하고 찬탄하시는 말씀을 듣고

胡	跪	合	掌	하여	復	白	佛	言	하시되	世
턱밑 살 호	꿇어앉을 궤	합할 합	손바닥 장		다시 부	아뢸 백	부처 불	말씀 언		세상 세
尊	我	久	知	是	大	士		有	如
하							의		
높을 존	나 아	오랠 구	알 지	이 시	큰 대	선비 사		있을 유	같을 여
此	不	可	思	議	神	力		及	大	誓
							과			
이 차	아닐 불	가히 가	생각 사	의논할 의	신통할 신	힘 력		및 급	큰 대	맹세할 서
願	力		爲	未	來	衆	生		遣	知
		하옵고						하여	하여금 견	
원할 원	힘 력		위할 위	아닐 미	올 래	무리 중	날 생			알 지
利	益	故	問	如	來		世	尊		當
						하옵나니			하	
이로울 이	더할 익	연고 고	물을 문	같을 여	올 래		세상 세	높을 존		마땅 당
何	名	此	經		使	我		云	何	流
				이며			로			
어찌 하	이름 명	이 차	글 경		하여금 사	나 아		이를 운	어찌 하	흐를 유
布		唯	願	頂	受		佛	告	普	廣
	하오리까					하나이다				
펼 포		오직 유	원할 원	정수리 정	받을 수		부처 불	고할 고	넓을 보	넓을 광

호궤합장하여 다시 부처님께 말씀드렸다.
"세존이시여, 저는 오래전부터 이 보살의 이와 같은 불가사의한 위신력과
큰 서원력이 있음을 알았습니다만 미래 세상의 중생들을 위하여
그 이익을 알려 주고자 하므로 짐짓 여래께 묻습니다.
세존이시여, 이 경의 이름은 무엇이라 하며, 저로 하여금 어떻게 유포하라 하십니까?
오직 원컨대 머리에 받들어 가지겠습니다."

하시되	此	經	이	凡	有	三	名	하니	一	名
	이 차	글 경		무릇 범	있을 유	석 삼	이름 명		한 일	이름 명
은	地	藏	本	願	이요	亦	名	地	藏	本
	땅 지	감출 장	근본 본	원할 원		또 역	이름 명	땅 지	감출 장	근본 본
行	이며	亦	名	地	藏	本	誓	力	經	이니
행할 행		또 역	이름 명	땅 지	감출 장	근본 본	맹세할 서	힘 력	글 경	
緣	此	菩	薩	이	久	遠	劫	來	에	發
인연 연	이 차	보리 보	보살 살		오랠 구	멀 원	겁 겁	올 래		필 발
大	重	願	하여	利	益	衆	生	하나니	是	故
큰 대	무거울 중	원할 원		이로울 이	더할 익	무리 중	날 생		이 시	연고 고
로	汝	等	은	依	願	流	布	하라	普	廣
	너 여	무리 등		의지할 의	원할 원	흐를 유	펼 포		넓을 보	넓을 광
菩	薩	이	聞	已	信	受	하고	合	掌	恭
보리 보	보살 살		들을 문	이미 이	믿을 신	받을 수		합할 합	손바닥 장	공손할 공

부처님께서 보광보살에게 이르시었다.
"이 경의 이름은 세 가지가 있는데, 한 이름은 지장본원이요,
또 한 이름은 지장본행이요, 또 한 이름은 지장본서력경이다.
이 보살이 오랜 겁으로부터 중대한 서원을 발하며 중생들을 이익되게 함이다.
그러므로 그대들은 서원대로 유포하도록 하라."
보광보살이 부처님의 말씀을 다 듣고 나서, 믿고 받아 가지고

敬 하시어		作	禮	而	退 하니라				
공경 경		지을 작	예도 례	말 이을 이	물러날 퇴				

합장하고 공경히 예배한 다음 물러갔다.

第	七		利	益	存	亡	品		
차례 제	일곱 칠		이로울 이	더할 익	있을 존	죽을 망	가지 품		

1. 임종하는 이를 위해 경전을 읽어라

爾	時	에	地	藏	菩	薩	摩	訶	薩	이
너 이	때 시		땅 지	감출 장	보리 보	보살 살	갈 마	꾸짖을 하	보살 살	
白	佛	言	하되	世	尊	하	我	觀	是	閻
아뢸 백	부처 불	말씀 언		세상 세	높을 존		나 아	볼 관	이 시	마을 염
浮	提	衆	生	하니	擧	足	動	念	이	無
뜰 부	끌 제	무리 중	날 생		들 거	발 족	움직일 동	생각 념		없을 무
非	是	罪	라	若	遇	善	利	라도	多	退
아닐 비	이 시	허물 죄		만약 약	만날 우	착할 선	이로울 리		많을 다	물러날 퇴
初	心	하며	或	遇	惡	緣	하면	念	念	增
처음 초	마음 심		혹 혹	만날 우	악할 악	인연 연		생각 염	생각 념	더할 증

제7장. 산 사람과 죽은 사람이 모두 이익함

그때에 지장보살마하살이 부처님께 말씀드렸다.

"세존이시여, 제가 관찰하니 이 염부제 중생들이 발을 옮기고 생각을 움직임이 죄 아님이 없습니다.

설사 좋은 이익을 만나더라도 처음 먹은 마음이 흔히 물러납니다.

혹 나쁜 인연을 만나게 되면 순간순간마다 죄가 더하여지게 됩니다.

益 하나니		是	等	輩	人 은		如	履	泥	塗
더할 익		이 시	무리 등	무리 배	사람 인		같을 여	밟을 리	진흙 니	길 도
하며	負	於	重	石 하며			漸	困	漸	重 하여
	질 부	어조사 어	무거울 중	돌 석			점점 점	곤할 곤	점점 점	무거울 중
足	涉	深	邃 하나니			若	得	遇	善	知	識
발 족	건널 섭	깊을 심	깊을 수			만약 약	얻을 득	만날 우	착할 선	알 지	알 식
하면	替	與	減	負 커나		或	全	與	負 하나니	
	바꿀 체	더불어 여	덜 감	질 부		혹 혹	온전할 전	더불어 여	질 부	
是	善	知	識 이		有	大	力	故 로		復
이 시	착할 선	알 지	알 식		있을 유	큰 대	힘 력	연고 고		다시 부
相	扶	助 하며		勸	令	牢	脚 하여		若	達
서로 상	도울 부	도울 조		권할 권	하여금 령	우리 뇌	다리 각		만약 약	이를 달
平	地 하여는		須	省	惡	路 하여		無	再	經
평평할 평	땅 지		모름지기 수	살필 성	악할 악	길 로		없을 무	두 재	지날 경

이러한 사람은 마치 진흙길을 가는데 무거운 돌을 짊어진 것과 같아서
갈수록 피곤하고 갈수록 무거워져서 발이 점점 깊이 빠져드는 것과 같습니다.
다행히 선지식을 만나면 그 무거운 짐을 덜어서 대신 져 주거나 혹은 전부 다 져 주게 됩니다.
이 선지식은 큰 힘이 있기 때문에 서로 도와주고 붙들어 주고 권해서
그로 하여금 다리를 굳건하게 해 줍니다. 그러다가 만약 평지에 이르게 되면
걸어온 험한 길을 돌아보고는 다시는 험한 길을 지나가지 아니합니다.

歷 입니다		世	尊 하		習	惡	衆	生 은		從
지날 력		세상 세	높을 존		익힐 습	악할 악	무리 중	날 생		좇을 종
纖	毫	間 하여		便	至	無	量 하나니		是	諸
가늘 섬	터럭 호	사이 간		곧 변	이를 지	없을 무	헤아릴 량		이 시	모두 제
衆	生 이		有	如	此	習 일새		臨	命	終
무리 중	날 생		있을 유	같을 여	이 차	익힐 습		임할 임	목숨 명	마칠 종
時 에		男	女	眷	屬 이		宜	爲	設	福
때 시		사내 남	여자 녀	돌볼 권	무리 속		마땅 의	할 위	베풀 설	복 복
하여	以	資	前	路 하되		或	懸	幡	盖 하고	
	써 이	도움 자	앞 전	길 로		혹 혹	달 현	깃발 번	덮을 개	
及	然	油	燈 하며		或	轉	讀	尊	經 하고	
및 급	불탈 연	기름 유	등 등		혹 혹	구를 전	읽을 독	높을 존	글 경	
或	供	養	佛	像 과		及	諸	聖	像 하며	
혹 혹	이바지할 공	기를 양	부처 불	모양 상		및 급	모두 제	성인 성	모양 상	

세존이시여, 악을 익히는 중생들은
작은 털끝만 한 것에서 시작하여 곧 한량없는 데까지 이르게 되는데
이 모든 중생들이 이와 같은 습관이 있으므로
목숨이 다할 때에 남녀의 권속이 마땅히 그를 위해 복을 베풀어 앞길을 도우며
혹 깃발과 일산을 달며, 혹 기름 등잔을 켜며, 혹 좋은 경전을 독송하며,
혹 불상과 여러 성상에 공양을 올리며,

乃	至	念	佛	菩	薩	과	及	辟	支	佛
이에 내	이를 지	생각 염	부처 불	보리 보	보살 살		및 급	임금 벽	지탱할 지	부처 불
名	字 를		一	名	一	號 하여		歷	臨	終
이름 명	글자 자		한 일	이름 명	한 일	이름 호		지날 역	임할 임	마칠 종
人	耳	根 커나		或	聞	在	本	識 하면		是
사람 인	귀 이	뿌리 근		혹 혹	들을 문	있을 재	근본 본	알 식		이 시
諸	衆	生 의		所	造	惡	業 을		計	其
모두 제	무리 중	날 생		바 소	지을 조	악할 악	업 업		셈 계	그 기
感	果 하여		必	墮	惡	趣 라도		緣	是	眷
느낄 감	과실 과		반드시 필	떨어질 타	악할 악	갈래 취		인연 연	이 시	돌볼 권
屬 의		爲	其	臨	終	之	人 하여		修	此
무리 속		위할 위	그 기	임할 임	마칠 종	어조사 지	사람 인		닦을 수	이 차
聖	因 일새		如	是	衆	罪	悉	皆	消	滅
성스러울 성	인할 인		같을 여	이 시	무리 중	허물 죄	다 실	다 개	사라질 소	멸할 멸

혹 부처님과 보살과 벽지불의 이름을 하나하나 분명하게 불러서
임종하는 사람의 귀에 들리게 하거나, 혹은 근본식에 남아 있게 합니다.
그렇게 하면 이 모든 중생들이 자신이 지은 악업으로 그 과보를 느끼게 됨을 헤아려 보아
반드시 악취에 떨어지게 될지라도 권속들이 그 임종하는 사람을 위하여
이러한 성스러운 인연을 닦음으로써 이와 같이 많은 죄가 모두 소멸될 것입니다."

하리라										

2. 49재의 유래

若	能	更	爲	身	死	之	後	七	七	日
만약 약	능할 능	다시 갱	할 위	몸 신	죽을 사	어조사 지	뒤 후	일곱 칠	일곱 칠	날 일
內		廣	造	衆	善		能	使	是	諸
안 내	에	넓을 광	지을 조	무리 중	착할 선	하면	능할 능	하여금 사	이 시	모두 제
衆	生		永	離	惡	趣		得	生	人
무리 중	날 생	으로	길 영	떠날 리	악할 악	갈래 취	하고	얻을 득	날 생	사람 인
天		受	勝	妙	樂		現	在	眷	屬
하늘 천	하여	받을 수	수승할 승	묘할 묘	즐길 락	하며	지금 현	있을 재	돌볼 권	무리 속
	利	益	無	量		是	故		我	今
도	이로울 이	더할 익	없을 무	헤아릴 량	할것이니	이 시	연고 고	로	나 아	이제 금

"만약 육신이 죽은 뒤 사십구일 이내에 여러 가지 선한 일을 하게 되면,
능히 이 모든 중생으로 하여금 영원히 악취를 여의고
인간이나 하늘에 태어남을 얻어 수승한 즐거움을 받게 될 것입니다.
지금 살아 계신 권속들의 이익도 한량이 없을 것이니 이러한 까닭으로 제가 지금

에	對	佛	世	尊	과	及	天	龍	八	部
	대할 대	부처 불	세상 세	높을 존		및 급	하늘 천	용 룡	여덟 팔	거느릴 부
人	非	人	等	하여	勸	於	閻	浮	提	衆
사람 인	아닐 비	사람 인	무리 등		권할 권	어조사 어	마을 염	뜰 부	끌 제	무리 중
生	하되	臨	終	之	日	에	愼	勿	殺	生
날 생		임할 임	마칠 종	어조사 지	날 일		삼갈 신	말 물	죽일 살	날 생
하고	及	造	惡	緣	하며	拜	祭	鬼	神	하여
	및 급	지을 조	악할 악	인연 연		절 배	제사 제	귀신 귀	신 신	
求	諸	魍	魎	하라 하노니	何	以	故	오	爾	所
구할 구	모두 제	도깨비 망	도깨비 량		어찌 하	써 이	연고 고		너 이	바 소
殺	害	와	乃	至	拜	祭	히	無	纖	毫
죽일 살	해할 해		이에 내	이를 지	절 배	제사 제		없을 무	가늘 섬	터럭 호
之	力	도	利	益	亡	人	하고	但	結	罪
어조사 지	힘 력		이로울 이	더할 익	죽을 망	사람 인		다만 단	맺을 결	허물 죄

부처님과 천룡팔부와 사람인 듯 아닌 듯한 이들의 증명하에 염부제 중생들에게 권하기를,
임종하는 날 산목숨을 죽이지 말고, 나쁜 인연을 짓지 말며,
귀신에게 절하여 제사하지 말고, 모든 도깨비들에게 구하는 일을 하지 말도록 합니다.
왜냐하면 산목숨을 죽이고 내지 귀신에게 절하여 제사 지낸다고 하는 것은
작은 먼지만큼도 돌아가신 분에게 이익이 없으며

緣 하여		轉	增	深	重 하나니		假	使	來	世
인연 연		구를 전	더할 증	깊을 심	무거울 중		가령 가	가령 사	올 내	세상 세
나	或	現	在	生	에	得	獲	聖	分 하여	
	혹 혹	지금 현	있을 재	날 생		얻을 득	얻을 획	성인 성	나눌 분	
生	人	天	中 이라도		緣	是	臨	終 에		被
날 생	사람 인	하늘 천	가운데 중		인연 연	이 시	임할 임	마칠 종		입을 피
諸	眷	屬 의		造	是	惡	因 으로		亦	令
모두 제	돌볼 권	무리 속		지을 조	이 시	악할 악	인할 인		또 역	하여금 령
是	命	終	人 이		殃	累	對	辯 하여		晚
이 시	목숨 명	마칠 종	사람 인		재앙 앙	여러 루	대할 대	말씀 변		저물 만
生	善	處 케함이온		何	況	臨	命	終	人 이	
날 생	착할 선	곳 처		어찌 하	하물며 황	임할 임	목숨 명	마칠 종	사람 인	
在	生 에		未	曾	有	小	善	根 하면		各
있을 재	날 생		아닐 미	일찍 증	있을 유	작을 소	착할 선	뿌리 근		각각 각

다만 죄악의 인연만 더욱 깊이 맺어집니다.
가령 내생이나 혹은 현생에 성인의 힘을 입어 인간이나 하늘에 태어나게 된다 할지라도
임종 때 여러 권속들이 이러한 나쁜 인연을 지은 관계로
목숨을 마친 사람이 여러 가지 허물들을 변명하느라고 좋은 곳에 태어나는 것이 늦어집니다.
하물며 목숨을 마치는 사람이 살아 있을 때 조그마한 선근도 쌓지 못하였다면

據	本	業	하여	自	受	惡	趣	하리오	何	忍
의거할 거	근본 본	업 업		스스로 자	받을 수	악할 악	갈래 취		어찌 하	차마 인
眷	屬	이	更	爲	增	業	이어뇨	譬	如	有
돌볼 권	무리 속		다시 갱	할 위	더할 증	업 업		비유할 비	같을 여	있을 유
人	이	從	遠	地	來	에	絶	糧	三	日
사람 인		좇을 종	멀 원	땅 지	올 래		끊을 절	양식 량	석 삼	날 일
이요	所	負	擔	物	이	强	過	百	斤	이어늘
	바 소	질 부	멜 담	물건 물		강할 강	지날 과	일백 백	무게 근	
忽	遇	隣	人	하여	更	附	小	物	하면	以
갑자기 홀	만날 우	이웃 인	사람 인		다시 갱	붙을 부	작을 소	물건 물		써 이
是	之	故	로	轉	復	困	重	인듯 합니다	世	尊
이 시	어조사 지	연고 고		구를 전	다시 부	곤할 곤	무거울 중		세상 세	높을 존
하	我	觀	하니	閻	浮	衆	生	이	但	能
	나 아	볼 관		마을 염	뜰 부	무리 중	날 생		다만 단	능할 능

자신이 지은 업에 의하여 스스로 악도에 떨어지는 과보를 받게 될 것입니다.
이치가 그러하거늘 어찌 차마 권속마저 다시 업을 더 무겁게 해서야 되겠습니까.
비유하자면 어떤 사람이 먼 곳에서 오는데 식량이 떨어진 지 사흘이나 되고,
지고 있는 짐은 백 근이 넘는데 문득 이웃에 사는 사람을 만나서 다시 작은 물건을 부탁받게 되면
이것 때문에 점점 더 피곤하고 짐은 더욱 무거워지는 것과 같습니다.
세존이시여, 제가 살펴보니 염부제 중생들이

於	諸	佛	敎	中	에	乃	至	善	事	를
어조사 어	모두 제	부처 불	가르칠 교	가운데 중		이에 내	이를 지	착할 선	일 사	
一	毛	一	渧	과		一	沙	一	塵	이라도	如
한 일	털 모	한 일	물방울 적			한 일	모래 사	한 일	티끌 진		같을 여
是	利	益	을		悉	皆	自	得	할것입니다
이 시	이로울 이	더할 익			다 실	다 개	스스로 자	얻을 득	

3. 49재 공덕의 비율

說	是	語	時	에	會	中	에	有	一	長
말씀 설	이 시	말씀 어	때 시		모일 회	가운데 중		있을 유	한 일	어른 장
者	하니	名	曰	大	辯	이라	是	長	者	久
사람 자		이름 명	가로 왈	큰 대	말씀 변		이 시	어른 장	사람 자	오랠 구
證	無	生	하여	化	度	十	方	할새	現	長
깨달을 증	없을 무	날 생		될 화	법도 도	열 십(시)	방위 방		나타날 현	어른 장

다만 부처님의 가르침 가운데서 선한 일을 터럭 하나, 물 한 방울,
모래알 하나, 먼지 하나만큼만 했어도
이와 같은 이익을 모두 다 자기 자신이 얻게 될 것입니다."

이 말씀을 설하실 때에 법회 중에 한 장자가 있어 이름을 대변이라 했는데
이 장자는 오래전부터 생사가 없는 도리를 깨달아서 시방의 중생들을 교화하다가

者	身	이러니	合	掌	恭	敬	하시어	問	地	藏
사람 자	몸 신		합할 합	손바닥 장	공손할 공	공경 경		물을 문	땅 지	감출 장
菩	薩	言	하시되	大	士	여		是	南	閻	浮
보리 보	보살 살	말씀 언		큰 대	선비 사			이 시	남녘 남	마을 염	뜰 부
提	衆	生	이	命	終	之	後	에		大	小
끌 제	무리 중	날 생		목숨 명	마칠 종	어조사 지	뒤 후			큰 대	작을 소
眷	屬	이	爲	修	功	德	하되		乃	至	設
돌볼 권	무리 속		할 위	닦을 수	공 공	덕 덕			이에 내	이를 지	베풀 설
齋	하여	造	衆	善	因	하면	是	命	終	人
재계할 재		지을 조	무리 중	착할 선	인할 인		이 시	목숨 명	마칠 종	사람 인
이	得	大	利	益	과	及	解	脫	不	잇가
	얻을 득	큰 대	이로울 이	더할 익		및 급	풀 해	벗을 탈	아닐 부	
地	藏	菩	薩	이	答	言	하시되	長	者	여
땅 지	감출 장	보리 보	보살 살		대답 답	말씀 언		어른 장	사람 자	

지금은 장자의 몸을 나타낸 분이다. 합장 공경하고 지장보살에게 물었다.
"지장보살이시여, 이 남염부제의 중생들이 목숨을 마친 뒤에
그의 권속들이 그를 위하여 공덕을 닦고 재를 베풀어서 많은 선한 일을 하면
이 목숨을 마친 사람이 큰 이익과 해탈을 얻게 됩니까?"
지장보살이 대답하였다.

我	今	에	爲	未	來	現	在	一	切	衆
나 아	이제 금		위할 위	아닐 미	올 래	지금 현	있을 재	한 일	온통 체	무리 중
生	하여	承	佛	威	力	하시어	略	說	是	事
날 생		이을 승	부처 불	위엄 위	힘 력		간략할 약	말씀 설	이 시	일 사
하리다	長	者	여	未	來	現	在	諸	衆	生
	어른 장	사람 자		아닐 미	올 래	지금 현	있을 재	모두 제	무리 중	날 생
等	이	臨	命	終	時	에	得	聞	一	佛
무리 등		임할 임	목숨 명	마칠 종	때 시		얻을 득	들을 문	한 일	부처 불
名	커나	一	菩	薩	名	커나	一	辟	支	佛
이름 명		한 일	보리 보	보살 살	이름 명		한 일	임금 벽	지탱할 지	부처 불
名	하면	不	問	有	罪	無	罪	하고	悉	得
이름 명		아닐 불	물을 문	있을 유	허물 죄	없을 무	허물 죄		다 실	얻을 득
解	脫	하리다	若	有	男	子	女	人	이	在
풀 해	벗을 탈		만약 약	있을 유	사내 남	아들 자	여자 여	사람 인		있을 재

"장자여, 내 지금 미래와 현재의 일체 중생들을 위하여 부처님의 위신력을 받들어
간략하게 이 일에 대해 설명하겠습니다.
장자여, 미래와 현재의 모든 중생들이 목숨을 마치는 날에
한 부처님의 명호나 한 보살의 명호나 한 벽지불의 명호를 얻어 듣게 되면
죄가 있고 죄가 없고를 불문하고 모두 해탈을 얻게 됩니다.
만약 어떤 남자나 여인이

生 에		不	修	善	因 하고		多	造	衆	罪
날 생		아닐 불	닦을 수	착할 선	인할 인		많을 다	지을 조	무리 중	허물 죄
하면	命	終	之	後 에		眷	屬	大	小	爲
	목숨 명	마칠 종	어조사 지	뒤 후		돌볼 권	무리 속	큰 대	작을 소	할 위
造	福	利	一	切	聖	事 하여도		七	分	之
지을 조	복 복	이로울 리	한 일	온통 체	성스러울 성	일 사		일곱 칠	나눌 분	어조사 지
中 에		而	乃	獲	一 하고		六	分	功	德
가운데 중		말이을 이	이에 내	얻을 획	한 일		여섯 육	나눌 분	공 공	덕 덕
은	生	者	自	利 하나니		以	是	之	故 로	
	날 생	사람 자	스스로 자	이로울 리		써 이	이 시	어조사 지	연고 고	
未	來	現	在	善	男	女	等 이		聞	健
아닐 미	올 래	지금 현	있을 재	착할 선	사내 남	여자 녀	무리 등		들을 문	굳셀 건
自	修 하면		分	分	全	獲 하리다		無	常	大
스스로 자	닦을 수		나눌 분	나눌 분	온전할 전	얻을 획		없을 무	항상 상	큰 대

살아 있을 때 좋은 일을 하지 않고 여러 가지 죄를 많이 지으면 목숨을 마친 뒤에
그의 여러 권속들이 그를 위하여 여러 가지 성스러운 일을 지어서 복되게 하더라도
7분 가운데 그 1분만을 얻게 되고, 나머지 6분의 공덕은 살아 있는 사람의 이익이 됩니다.
이러한 까닭으로 미래와 현재의 선남자와 선여인들이 잘 들어서 스스로 닦으면
그 낱낱의 공덕을 온전히 얻게 됩니다.

鬼不期而到 하면 冥冥遊神이
귀신 귀 / 아닐 불 / 기약할 기 / 말 이을 이 / 이를 도 / 어두울 명 / 어두울 명 / 놀 유 / 귀신 신

未知罪福하여 七七日內에 如
아닐 미 / 알 지 / 허물 죄 / 복 복 / 일곱 칠 / 일곱 칠 / 날 일 / 안 내 / 같을 여

癡如聾하며 或在諸司하여 辯論
어리석을 치 / 같을 여 / 귀먹을 롱 / 혹 혹 / 있을 재 / 모두 제 / 벼슬 사 / 말씀 변 / 논할 론

業果하고 審定之後에 據業受
업 업 / 과실 과 / 살필 심 / 정할 정 / 어조사 지 / 뒤 후 / 의거할 거 / 업 업 / 받을 수

生하나니 未測之間에 千萬愁苦
날 생 / 아닐 미 / 잴 측 / 어조사 지 / 사이 간 / 일천 천 / 일만 만 / 시름 수 / 괴로울 고

어든 何況墮於諸惡趣等이리오 是
어찌 하 / 하물며 황 / 떨어질 타 / 어조사 어 / 모두 제 / 악할 악 / 갈래 취 / 무리 등 / 이 시

命終人이 未得受生하고 在七
목숨 명 / 마칠 종 / 사람 인 / 아닐 미 / 얻을 득 / 받을 수 / 날 생 / 있을 재 / 일곱 칠

덧없음의 큰 귀신이 기약 없이 닥쳐오면 어둠 속을 헤매는 혼령들은
자신의 죄와 복을 알지 못하여 49일 동안 바보와 같고 귀머거리와 같이 있다가,
염라대왕 앞에서 업의 과보를 변론하여 판정한 뒤에는 업에 따라 태어나게 됩니다.
자신은 알지도 못하는 사이에 천만 가지 근심과 고통이 따릅니다.
하물며 다른 곳의 악도에 떨어진다면 어찌 되겠습니까.
목숨을 마친 사람이 아직 태어나기 전 49일 안에

七日(일곱 칠, 날 일) 内(안 내)하여 念念之間(생각 염, 생각 념, 어조사 지, 사이 간)에 望諸(바랄 망, 모두 제) 骨肉眷屬(뼈 골, 혈연 육, 돌볼 권, 무리 속)의 與造福力救拔(줄 여, 지을 조, 복 복, 힘 력, 구원할 구, 뽑을 발)하다가 過是日後(지날 과, 이 시, 날 일, 뒤 후)에 隨業受報(따를 수, 업 업, 받을 수, 갚을 보)하나니 若是罪人(만약 약, 이 시, 허물 죄, 사람 인)이면 動經千百歲中(움직일 동, 지날 경, 일천 천, 일백 백, 해 세, 가운데 중)하여도 無解脫日(없을 무, 풀 해, 벗을 탈, 날 일)이요 若是五無間罪(만약 약, 이 시, 다섯 오, 없을 무, 사이 간, 허물 죄)로 墮大地獄(떨어질 타, 큰 대, 땅 지, 옥 옥)하면 千劫萬劫(일천 천, 겁 겁, 일만 만, 겁 겁)에 永受衆苦(길 영, 받을 수, 무리 중, 괴로울 고)하나니라

순간순간마다 모든 골육과 권속이 복을 지어 구원하여 줄 것을 바라다가
이날이 지난 뒤에는 오직 자신이 지은 업에 따라 과보를 받을 뿐입니다.
만약 이러한 죄인이라면 천백 세를 지내더라도 해탈할 날이 없을 것이며,
만약 그가 오무간죄를 지어서 큰 지옥에 떨어지게 되면
천 겁이나 만 겁 동안 여러 가지 고통을 영원히 받을 것입니다."

4. 재를 지낼 때의 주의사항

復	次	長	者	여	如	是	罪	業	衆	生
다시 부	버금 차	어른 장	사람 자		같을 여	이 시	허물 죄	업 업	무리 중	날 생

은	命	終	之	後	에	眷	屬	骨	肉	이
	목숨 명	마칠 종	어조사 지	뒤 후		돌볼 권	무리 속	뼈 골	혈연 육	

爲	修	營	齋	하여	資	助	業	道	하되	未
할 위	닦을 수	경영할 영	재계할 재		도움 자	도울 조	업 업	길 도		아닐 미

齋	食	竟	과	及	營	齋	之	次	에	米
재계할 재	먹을 식	다할 경		및 급	경영할 영	재계할 재	어조사 지	버금 차		쌀 미

泔	菜	葉	을	不	棄	於	地	하며	乃	至
뜨물 감	나물 채	잎 엽		아닐 불	버릴 기	어조사 어	땅 지		이에 내	이를 지

諸	食	히	未	獻	佛	僧	하고	勿	得	先
모두 제	먹을 식		아닐 미	바칠 헌	부처 불	스님 승		말 물	얻을 득	먼저 선

"다시 또 장자여, 이와 같은 죄업의 중생들은 목숨을 마친 뒤에
권속이나 골육이 그를 위해서 재를 올려서 복을 닦아 그의 업을 돕되
잿밥을 마치기 전과 재를 올리고 있을 때에도 쌀뜨물이나 채소 잎들을 땅에 버리지 말고,
모든 음식을 부처님과 스님에게 드리지 아니했거든 먼저 먹지 말아야 합니다.

食 하리니	如	有	違	食 커나		及	不	精	勤
먹을 식	가령 여	있을 유	어긋날 위	먹을 식		및 급	아닐 부	정할 정	부지런할 근
하면	是	命	終	人 이	了	不	得	力 하리다	
	이 시	목숨 명	마칠 종	사람 인	마칠 요	아닐 부	얻을 득	힘 력	
若	能	精	勤	護	淨 하여		奉	獻	佛	僧
만약 약	능할 능	정할 정	부지런할 근	도울 호	깨끗할 정		받들 봉	바칠 헌	부처 불	스님 승
하면	是	命	終	人 이		七	分 에		獲	一
	이 시	목숨 명	마칠 종	사람 인		일곱 칠	나눌 분		얻을 획	한 일
하리라	是	故 로		長	者 여	閻	浮	衆	生
	이 시	연고 고		어른 장	사람 자	마을 염	뜰 부	무리 중	날 생
이	若	能	爲	其	父	母 와		乃	至	眷
	만약 약	능할 능	위할 위	그 기	아버지 부	어머니 모		이에 내	이를 지	돌볼 권
屬 하여		命	終	之	後 에		設	齋	供	養
무리 속		목숨 명	마칠 종	어조사 지	뒤 후		베풀 설	재계할 재	이바지할 공	기를 양

만약 먹는 순서를 어겨서 먼저 먹거나 정미롭고 성실하게 하지 아니하면
목숨을 마친 사람이 마침내 구원의 힘을 얻지 못하게 됩니다.
만약 정미롭게 하고 청정하게 해서 부처님과 스님에게 받들어 올리면
이 목숨을 마친 사람은 7분 중에 하나를 얻게 됩니다.
그러므로 장자여, 염부제 중생들이 만약 그의 부모와 권속을 위하여
목숨을 마친 뒤에 재를 베풀어서 공양을 올리되

하대	至	心	勤	懇	하면	如	是	之	人	은
	지극할 지	마음 심	부지런할 근	정성 간		같을 여	이 시	어조사 지	사람 인	
存	亡	獲	利	하리다	說	是	語	時	에	忉
있을 존	죽을 망	얻을 획	이로울 리		말씀 설	이 시	말씀 어	때 시		근심할 도
利	天	宮	에	有	千	萬	億	那	由	他
이로울 리	하늘 천	집 궁		있을 유	일천 천	일만 만	억 억	어찌 나	말미암을 유	다를 타
閻	浮	鬼	神	이	悉	發	無	量	菩	提
마을 염	뜰 부	귀신 귀	신 신		다 실	필 발	없을 무	헤아릴 량	보리 보	끌 제(리)
之	心	하며	大	辯	長	者	는	歡	喜	奉
어조사 지	마음 심		큰 대	말씀 변	어른 장	사람 자		기쁠 환	기쁠 희	받들 봉
敎	하고	作	禮	而	退	하니라
---	---	---	---	---	---	---
가르칠 교		지을 작	예도 례	말 이을 이	물러날 퇴	

지극한 마음으로 부지런히 정성껏 하면 이러한 사람은
살아 있는 사람도 돌아가신 분도 다 함께 이익을 얻게 됩니다."
이 말씀을 설하실 때에 도리천궁에 천만억 나유타나 되는 염부제의 귀신들이
모두 한량없는 보리심을 발하였으며,
대변장자도 환희하는 마음으로 가르침을 받들어 예배를 올린 뒤에 물러갔다.

第	八		閻	羅	王	衆	讚	歎	品
차례 제	여덟 팔		마을 염	그물 라	임금 왕	무리 중	기릴 찬	찬탄할 탄	가지 품

1. 염라왕의 대중들

爾	時	鐵	圍	山	內	에	有	無	量	鬼
너 이	때 시	쇠 철	에워쌀 위	뫼 산	안 내		있을 유	없을 무	헤아릴 량	귀신 귀
王	하니	與	閻	羅	天	子	로	俱	詣	忉
임금 왕		더불어 여	마을 염	그물 라	하늘 천	아들 자		함께 구	이를 예	근심할 도
利	하야	來	到	佛	所	하니	所	謂	惡	毒
이로울 리		올 내	이를 도	부처 불	곳 소		바 소	이를 위	악할 악	독 독
鬼	王	과	多	惡	鬼	王	과	大	爭	鬼
귀신 귀	임금 왕		많을 다	악할 악	귀신 귀	임금 왕		큰 대	다툴 쟁	귀신 귀
王	과	白	虎	鬼	王	과	血	虎	鬼	王
임금 왕		흰 백	범 호	귀신 귀	임금 왕		피 혈	범 호	귀신 귀	임금 왕

제8. 염라왕들이 찬탄하다

그때에 철위산 안의 많은 귀왕들이 염라천자와 함께 도리천에 와서
부처님이 계신 곳에 이르렀다.
이른바 악독귀왕과 다악귀왕과 대쟁귀왕과 백호귀왕과 혈호귀왕과

과	赤	虎	鬼	王	과	散	殃	鬼	王	과
	붉을 적	범 호	귀신 귀	임금 왕		흩을 산	재앙 앙	귀신 귀	임금 왕	
飛	身	鬼	王	과	電	光	鬼	王	과	狼
날 비	몸 신	귀신 귀	임금 왕		번개 전	빛 광	귀신 귀	임금 왕		이리 낭
牙	鬼	王	과	千	眼	鬼	王	과	噉	獸
어금니 아	귀신 귀	임금 왕		일천 천	눈 안	귀신 귀	임금 왕		먹을 담	짐승 수
鬼	王	과	負	石	鬼	王	과	主	耗	鬼
귀신 귀	임금 왕		질 부	돌 석	귀신 귀	임금 왕		주인 주	소모할 모	귀신 귀
王	과	主	禍	鬼	王	과	主	福	鬼	王
임금 왕		주인 주	재화 화	귀신 귀	임금 왕		주인 주	복 복	귀신 귀	임금 왕
과	主	食	鬼	王	과	主	財	鬼	王	과
	주인 주	먹을 식	귀신 귀	임금 왕		주인 주	재물 재	귀신 귀	임금 왕	
主	畜	鬼	王	과	主	禽	鬼	王	과	主
주인 주	짐승 축	귀신 귀	임금 왕		주인 주	날짐승 금	귀신 귀	임금 왕		주인 주

적호귀왕과 산앙귀왕과 비신귀왕과 전광귀왕과 낭아귀왕과
천안귀왕과 담수귀왕과 부석귀왕과 주모귀왕과 주화귀왕과
주복귀왕과 주식귀왕과 주재귀왕과 주축귀왕과 주금귀왕과

獸	鬼	王	과	主	魅	鬼	王	과	主	産
짐승 수	귀신 귀	임금 왕		주인 주	도깨비 매	귀신 귀	임금 왕		주인 주	낳을 산
鬼	王		과	主	命	鬼	王	과	主	疾	鬼
귀신 귀	임금 왕			주인 주	목숨 명	귀신 귀	임금 왕		주인 주	병 질	귀신 귀
王		과	主	險	鬼	王		과	三	目	鬼	王
임금 왕			주인 주	험할 험	귀신 귀	임금 왕			석 삼	눈 목	귀신 귀	임금 왕
	과	四	目	鬼	王		과	五	目	鬼	王	과
		넉 사	눈 목	귀신 귀	임금 왕			다섯 오	눈 목	귀신 귀	임금 왕	
祁	利	失	王		과	大	祁	利	失	王		과
성할 기	이로울 리	잃을 실	임금 왕			큰 대	성할 기	이로울 리	잃을 실	임금 왕		
祁	利	叉	王		과	大	祁	利	叉	王		과
성할 기	이로울 리	갈래 차	임금 왕			큰 대	성할 기	이로울 리	갈래 차	임금 왕		
阿	那	吒	王		과	大	阿	那	吒	王		과
언덕 아	어찌 나	꾸짖을 타	임금 왕			큰 대	언덕 아	어찌 나	꾸짖을 타	임금 왕		

주수귀왕과 주매귀왕과 주산귀왕과 주명귀왕과 주질귀왕과
주험귀왕과 삼목귀왕과 사목귀왕과 오목귀왕과 기리실왕과
대기리실왕과 기리차왕과 대기리차왕과 아나타왕과 대아나타왕이었다.

如	是	等	大	鬼	王	이	各	各	與	百
같을 여	이 시	무리 등	큰 대	귀신 귀	임금 왕		각각 각	각각 각	더불어 여	일백 백
千	諸	小	鬼	王	으로	盡	居	閻	浮	提
일천 천	모두 제	작을 소	귀신 귀	임금 왕		다할 진	살 거	마을 염	뜰 부	끌 제
하여	各	有	所	執	하며	各	有	所	住	하더니
	각각 각	있을 유	바 소	잡을 집		각각 각	있을 유	바 소	살 주	
是	諸	鬼	王	이	與	閻	羅	天	子	로
이 시	모두 제	귀신 귀	임금 왕		더불어 여	마을 염	그물 라	하늘 천	아들 자	
承	佛	威	神	과	及	地	藏	菩	薩	摩
이을 승	부처 불	위엄 위	신통할 신		및 급	땅 지	감출 장	보리 보	보살 살	갈 마
訶	薩	力	하야	俱	詣	忉	利	하여	在	一
꾸짖을 하	보살 살	힘 력		함께 구	이를 예	근심할 도	이로울 리		있을 재	한 일
面	立	이러라								
방면 면	설 립									

이러한 대귀왕들이 각각 백천이나 되는 여러 소귀왕을 거느리고
모두 염부제에 살고 있으면서 각각 맡은 것이 있고, 각각 머무르는 곳이 있었는데,
이러한 모든 귀왕들이 염라천자로 더불어
부처님의 위신력과 지장보살마하살의 힘을 받들어
함께 도리천에 참예하여 한쪽에 공손히 서 있었다.

2. 염라천자의 의문

爾	時		閻	羅	天	子	胡	跪	合	掌
너 이	때 시	에	마을 염	그물 라	하늘 천	아들 자	턱밑 살 호	꿇어앉을 궤	합할 합	손바닥 장
	白	佛	言		世	尊		我	等	
하야	아뢸 백	부처 불	말씀 언	하시되	세상 세	높을 존	하	나 아	무리 등	이
今	者		與	諸	鬼	王		承	佛	威
이제 금	것 자	에	더불어 여	모두 제	귀신 귀	임금 왕	으로	이을 승	부처 불	위엄 위
神		及	地	藏	菩	薩	摩	訶	薩	力
신통할 신	과	및 급	땅 지	감출 장	보리 보	보살 살	갈 마	꾸짖을 하	보살 살	힘 력
	方	得	詣	此	忉	利	大	會		亦
하사	바야흐로 방	얻을 득	이를 예	이 차	근심할 도	이로울 리	큰 대	모일 회	하시오며	또 역
是	我	等		獲	善	利	故		我	今
이 시	나 아	무리 등	이	얻을 획	착할 선	이로울 리	연고 고	이다	나 아	이제 금

그때에 염라천자가 호궤합장하고 부처님께 말씀드렸다.
"세존이시여, 저희들이 지금 여러 귀왕과 더불어
부처님의 위신력과 지장보살마하살의 힘을 받들어
바야흐로 이 도리천의 큰 법회에 참례함은
이 또한 저희들이 좋은 이익을 얻었기 때문입니다.

에	有	小	疑	事	하와	敢	問	世	尊	하시옵나니
	있을 유	작을 소	의심할 의	일 사		감히 감	물을 문	세상 세	높을 존	

唯	願	世	尊	하	慈	悲	로	爲	我	宣
오직 유	원할 원	세상 세	높을 존		사랑 자	슬플 비		위할 위	나 아	베풀 선

說	하소서	佛	告	閻	羅	天	子	하되	恣	汝
말씀 설		부처 불	고할 고	마을 염	그물 라	하늘 천	아들 자		마음대로 자	너 여

所	問	하나니	吾	爲	汝	說	하리라	是	時	에
바 소	물을 문		나 오	위할 위	너 여	말씀 설		이 시	때 시	

閻	羅	天	子	瞻	禮	世	尊	하시옵고	及	廻
마을 염	그물 라	하늘 천	아들 자	볼 첨	예도 례	세상 세	높을 존		및 급	돌 회

視	地	藏	菩	薩	하오며	而	白	佛	言	하시되
볼 시	땅 지	감출 장	보리 보	보살 살		말 이을 이	아뢸 백	부처 불	말씀 언	

世	尊	하	我	觀	이	地	藏	菩	薩	이
세상 세	높을 존		나 아	볼 관		땅 지	감출 장	보리 보	보살 살	

제가 지금 약간 의심스러운 일이 있어 감히 세존께 여쭈오니
원컨대 세존께서는 자비로 여기시고 저희들을 위하여 말씀하여 주십시오."
부처님께서 염라천자에게 이르시었다.
"그대는 마음대로 물어 보라. 내 그대를 위해 말하리라."
이때에 염라천자가 세존을 우러러 예배를 드린 후 지장보살을 돌아보면서 부처님께 말씀드렸다.
"세존이시여, 제가 살펴보니 지장보살께서는

在	六	道	中 하사	百	千	方	便 으로	而
있을 재	여섯 육	길 도	가운데 중	일백 백	일천 천	처방 방	편할 편	말 이을 이
度	罪	苦	衆	生 하시되	不	辭	疲	倦 하시나니
법도 도	허물 죄	괴로울 고	무리 중	날 생	아닐 불	사양할 사	피곤할 피	게으를 권
是	大	菩	薩 이	有	如	是	不	可	思
이 시	큰 대	보리 보	보살 살	있을 유	같을 여	이 시	아닐 불	가히 가	생각 사
議	神	通	之	事 시어늘	然	諸	衆	生 이
의논할 의	신통할 신	통할 통	어조사 지	일 사	그럴 연	모두 제	무리 중	날 생
脫	獲	罪	報 하였다가	未	久	之	間 에	又
벗을 탈	얻을 획	허물 죄	갚을 보	아닐 미	오랠 구	어조사 지	사이 간	또 우
墮	惡	道 하나니	世	尊 하	是	地	藏	菩
떨어질 타	악할 악	길 도	세상 세	높을 존	이 시	땅 지	감출 장	보리 보
薩 이		旣	有	如	是	不	可	思	議	神
보살 살		이미 기	있을 유	같을 여	이 시	아닐 불	가히 가	생각 사	의논할 의	신통할 신

육도 중에 계시면서 백천 가지 방편으로 죄를 지어 고통받는 중생들을 제도하시느라고
피곤하신데도 그 괴로움을 사양하지 아니하십니다.
이 대보살에게는 이와 같은 불가사의한 신통이 있습니다만 그러나 모든 중생들이
죄의 과보에서 벗어남을 얻었다가 오래지 아니하여 다시 악도에 떨어지곤 합니다.
세존이시여, 이 지장보살에게 이미 이와 같은 불가사의한 신통력이 있는데

力 이어늘	云	何	衆	生 이		而	不	依	止
힘 력	이를 운	어찌 하	무리 중	날 생		말 이을 이	아닐 불	의지할 의	그칠 지
善	道 하여		永	取	解	脫 하나이까	唯	願	世
착할 선	길 도		길 영	가질 취	풀 해	벗을 탈	오직 유	원할 원	세상 세
尊 하		爲	我	解	說 하소서				
높을 존		위할 위	나 아	풀 해	말씀 설				

3. 악업의 인연을 반복하다

佛	告	閻	羅	天	子 하시되		南	閻	浮	提
부처 불	고할 고	마을 염	그물 라	하늘 천	아들 자		남녘 남	마을 염	뜰 부	끌 제
衆	生 이		其	性 이		剛	強 하여		難	調
무리 중	날 생		그 기	성품 성		굳셀 강	강할 강		어려울 난	고를 조
難	伏 커늘		是	大	菩	薩 이		於	百	千
어려울 난	엎드릴 복		이 시	큰 대	보리 보	보살 살		어조사 어	일백 백	일천 천

어찌하여 중생들은 옳은 법에 의지하여 영원한 해탈을 얻지 못합니까?
원컨대 세존이시여, 저를 위하여 해설하여 주십시오."

부처님께서 염라천자에게 이르셨다.
"남염부제의 중생들은 그 성질이 억세고 거칠어서 다스리기도 어렵고 길들이기도 어렵다.
이 대보살은 백천 겁을 지내 오면서

劫 에		頭	頭	救	拔	如	是	衆	生 하야	
겁 겁		머리 두	머리 두	구원할 구	뽑을 발	같을 여	이 시	무리 중	날 생	
早	令	解	脫 케하며		是	諸	罪	人 도		乃
이를 조	하여금 영	풀 해	벗을 탈		이 시	모두 제	허물 죄	사람 인		이에 내
至	墮	大	惡	趣 하야		菩	薩 이		以	方
이를 지	떨어질 타	큰 대	악할 악	갈래 취		보리 보	보살 살		써 이	처방 방
便	力 으로		拔	出	根	本	業	緣 하야		而
편할 편	힘 력		뽑을 발	날 출	뿌리 근	근본 본	업 업	인연 연		말 이을 이
遣	悟	宿	世	之	事 케 하건마는		自	是	閻	浮
하여금 견	깨달을 오	묵을 숙	세상 세	어조사 지	일 사		스스로 자	이 시	마을 염	뜰 부
衆	生 이		結	惡	習	重 하여		旋	出	旋
무리 중	날 생		맺을 결	악할 악	익힐 습	무거울 중		돌 선	날 출	돌 선
入 하야		勞	斯	菩	薩 하고		久	經	劫	數
들 입		일할 노	이 사	보리 보	보살 살		오랠 구	지날 경	겁 겁	셈 수

이러한 중생들을 하나하나 구제하여 빼내고 해탈하게 하였다.
죄보를 받은 사람이나 큰 악도의 사람까지도 보살이 방편력을 가지고
근본 업의 인연에서 빼내어 숙세의 일을 깨닫게 하였건만,
이 염부제의 중생들이 스스로 악습을 무겁게 맺어
업의 인연에서 나오자마자 곧 되돌아 들어가서 이 보살을 수고롭게 하고
오랜 겁을 지낸 뒤에 가서 제도하여 해탈하게 된다.

하여	而	作	度	脫	케하나니	譬	如	有	人	이
	말 이을 이	지을 작	법도 도	벗을 탈		비유할 비	같을 여	있을 유	사람 인	
迷	失	本	家	하고		誤	入	險	道	할새	其
미혹할 미	잃을 실	근본 본	집 가		그릇할 오	들 입	험할 험	길 도		그 기
險	道	中	에	多	諸	夜	叉	와	及	虎
험할 험	길 도	가운데 중		많을 다	모두 제	밤 야	갈래 차		및 급	범 호
狼	獅	子	와	蚖	蛇	蝮	蠍	하였더니	如	是
이리 랑	사자 사	아들 자		영원 원	뱀 사	살무사 복	전갈 갈		같을 여	이 시
迷	人	이	在	險	道	中	하여	須	臾	之
미혹할 미	사람 인		있을 재	험할 험	길 도	가운데 중		잠깐 수	잠깐 유	어조사 지
間	에	卽	遭	諸	毒	커늘	有	一	知	識
사이 간		곧 즉	만날 조	모두 제	독 독		있을 유	한 일	알 지	알 식
이	多	解	大	術	하야	善	禁	是	毒	과
	많을 다	풀 해	큰 대	꾀 술		착할 선	금할 금	이 시	독 독	

비유하자면 어떤 사람이 정신이 흐려서 자기의 집을 잃어버리고
잘못하여 험한 길로 들어갔는데 그 험한 길 가운데는
온갖 야차와 호랑이와 사자와 뱀과 독사, 살무사와 전갈이 많았다.
이와 같이 길을 잃은 사람이 험한 길 가운데서 잠깐 사이에 곧 여러 가지 독을 만나게 된다.
어떤 지식이 있는 사람이 큰 술법을 많이 알아 이러한 독과

乃	及	夜	叉	諸	惡	毒	等	이러니	忽	逢
이에 내	및 급	밤 야	갈래 차	모두 제	악할 악	독 독	무리 등		갑자기 홀	만날 봉
迷	人	이	欲	進	險	道	어늘	而	語	之
미혹할 미	사람 인		하고자할 욕	나아갈 진	험할 험	길 도		말 이을 이	말씀 어	어조사 지
言	하되	咄	哉	男	子	여	爲	何	事	故
말씀 언		꾸짖을 돌	어조사 재	사내 남	아들 자		할 위	어찌 하	일 사	연고 고
로	而	入	此	路	하며	有	何	異	術	인대
	말 이을 이	들 입	이 차	길 로		있을 유	어찌 하	다를 이	꾀 술	
能	制	諸	毒	이어냐	是	迷	路	人	이	忽
능할 능	금할 제	모두 제	독 독		이 시	미혹할 미	길 로	사람 인		갑자기 홀
聞	是	語	하고	方	知	險	道	하여	卽	便
들을 문	이 시	말씀 어		바야흐로 방	알 지	험할 험	길 도		곧 즉	곧 변
退	步	하며	求	出	此	路	어늘	是	善	知
물러날 퇴	걸음 보		구할 구	날 출	이 차	길 로		이 시	착할 선	알 지

야차와 모든 악독한 것들을 잘 금지시키다가 문득 길을 잃은 사람을 만났다.
그가 험한 길로 나아가고자 하므로 그에게 말하기를
'이 딱한 사람아, 무슨 일 때문에 이 길로 들어가며
어떤 특별한 술법이라도 있어서 능히 이 모든 독을 막아 내겠는가?' 하니,
이 길 잃은 사람이 문득 이 말을 듣고 비로소 험한 길인 줄 알고
곧 물러나서 이 길에서 벗어나고자 하였다.

識	이	提	携	接	手	하고	引	出	險	道
알 식		끌 제	끌 휴	이을 접	손 수		끌 인	날 출	험할 험	길 도
하여	免	諸	惡	毒		하고	至	于	好	道	하여
	면할 면	모두 제	악할 악	독 독			이를 지	어조사 우	좋을 호	길 도
令	得	安	樂		케하고	而	語	之	言	하되	咄
하여금 영	얻을 득	편안 안	즐길 락			말 이을 이	말씀 어	어조사 지	말씀 언		꾸짖을 돌
哉	迷	人	아	自	今	以	後	에		勿	履
어조사 재	미혹할 미	사람 인		스스로 자	이제 금	써 이	뒤 후			말 물	밟을 리
此	道	하라	此	路	入	者	는		卒	難	得
이 차	길 도		이 차	길 로	들 입	사람 자			마침내 졸	어려울 난	얻을 득
出	하며	復	損	性	命	하리라 하거든	是	迷	路	人
날 출		다시 부	잃을 손	성품 성	목숨 명		이 시	미혹할 미	길 로	사람 인
도	亦	生	感	動	하며	臨	別	之	時	에
	또 역	날 생	느낄 감	움직일 동		임할 임	나눌 별	어조사 지	때 시	

그때 이 선지식이 손을 잡아 인도하여 험한 길에서 끌어내어
모든 악독한 것을 면하게 하고 좋은 길에 이르게 하여
그로 하여금 편안함을 얻게 하고는 말하기를,
'이 딱한 사람아, 다음부터는 이 길로 들어가지 마라.
이 길로 들어가는 자는 마침내 나오기가 어려울 뿐 아니라 또한 생명조차 잃게 된다.'고 하니
이 길 잃은 사람이 또한 감동하는 마음이 생겼다.

知	識	이	又	言	하되	若	見	知	親	과
알 지	알 식		또 우	말씀 언		만약 약	볼 견	알 지	친할 친	
及	諸	路	人	이	若	男	若	女	어든	言
및 급	모두 제	길 로	사람 인		및 약	사내 남	및 약	여자 녀		말씀 언
於	此	路		에	多	諸	惡	毒	일새	喪	失
어조사 어	이 차	길 로			많을 다	모두 제	악할 악	독 독		죽을 상	잃을 실
性	命	이라하여	無	令	是	衆	으로	自	取	其
성품 성	목숨 명		없을 무	하여금 영	이 시	무리 중		스스로 자	가질 취	그 기
死	하라 하니라
---	---
죽을 사	

4. 악업의 인연을 반복하는 까닭

是	故	로	地	藏	菩	薩	이	具	大	慈
이 시	연고 고		땅 지	감출 장	보리 보	보살 살		갖출 구	큰 대	사랑 자

이별할 때에 선지식이 또 말하기를, '만약 길을 가는 사람이 친한 사람이거나 아니거나
또 남자거나 여자거나 이 길에는 여러 가지 사납고 독한 것들이 많아서
생명을 잃게 된다.'고 말하여 이러한 무리들로 하여금
스스로 죽음의 길로 들어서지 않게 하라고 하는 것과 같다."

"그러므로 지장보살이 대자비를 갖추어서

悲	하여	救	拔	罪	苦	衆	生	하여	欲	生
슬플 비		구원할 구	뽑을 발	허물 죄	괴로울 고	무리 중	날 생		하고자할 욕	날 생
天	人	中	하여	令	受	妙	樂	커든	是	諸
하늘 천	사람 인	가운데 중		하여금 영	받을 수	묘할 묘	즐길 락		이 시	모두 제
罪	衆	이	知	業	道	苦	하여	脫	得	出
허물 죄	무리 중		알 지	업 업	길 도	괴로울 고		벗을 탈	얻을 득	날 출
離	하여	永	不	再	歷	하나니	如	迷	路	人
떠날 리		길 영	아닐 부	두 재	지날 력		같을 여	미혹할 미	길 로	사람 인
이	誤	入	險	道	라가	遇	善	知	識	하여
	그릇할 오	들 입	험할 험	길 도		만날 우	착할 선	알 지	알 식	
引	接	令	出	하여	永	不	復	入	하며	逢
끌 인	이을 접	하여금 영	날 출		길 영	아닐 불	다시 부	들 입		만날 봉
見	他	人	하여	復	勸	莫	入	하면	自	然
볼 견	다를 타	사람 인		다시 부	권할 권	없을 막	들 입		스스로 자	그럴 연

죄를 지어 고통받는 중생들을 구제하여 천상과 인간 중에 나게 하여
그들에게 즐거움을 받게 하고자 하거든, 이 모든 죄 지은 무리가
업보의 괴로움을 알아서 벗어나서는 다시는 그 길을 밟지 않게 할 것이다.
이것은 마치 저 길을 잃은 사람이 잘못 험한 길로 들어갔다가
선지식의 인도를 얻어 밖으로 나오게 되어 다시는 들어가지 않고,
또 그가 다른 사람을 만나면 다시 그를 권하여 들어가지 않게 하는 것은

히	因 인할 인	是 이 시	迷 미혹할 미	故 연고 고	로	解 풀 해	脫 벗을 탈	離 떠날 리	竟 다할 경	하며
更 다시 갱	不 아닐 불	復 다시 부	入 들 입	이라 하리라		若 만약 약	再 두 재	履 밟을 이	踐 밟을 천	하여	猶 오히려 유
尙 오히려 상	迷 미혹할 미	誤 그르칠 오	하여		不 아닐 불	覺 깨달을 각	舊 예 구	曾 일찍 증	所 바 소	落 떨어질 락	險 험할 험
道 길 도	하고	或 혹 혹	致 보낼 치	失 잃을 실	命 목숨 명	하면	如 같을 여	墮 떨어질 타	惡 악할 악	趣 갈래 취
衆 무리 중	生 날 생	을	地 땅 지	藏 감출 장	菩 보리 보	薩 보살 살	이	方 처방 방	便 편할 편	力 힘 력
故 연고 고	로	使 하여금 사	令 하여금 영	解 풀 해	脫 벗을 탈	하여	生 날 생	人 사람 인	天 하늘 천	中 가운데 중
케하여도	旋 돌 선	又 또 우	再 두 재	入 들 입	하나니		若 만약 약	業 업 업	結 맺을 결	重 무거울 중	하면

저절로 미혹에 의한 어리석음으로부터 벗어나 다시는 들어가지 않는 것과 같다.
만약 두 번 다시 그 길을 밟게 된다면 그는 아직도 미혹한 데 있어서
옛날에 일찍이 험한 길에 떨어졌던 것을 깨닫지 못하고 목숨을 잃어버리는 것이 되는데,
그것은 마치 악도에 떨어진 중생들을 지장보살의 방편력으로 해탈케 하여
인간과 천상에 나게 하였으나 또다시 들어감과 같은 것이다.

永	處	地	獄	하여	無	解	脫	時	리라
길 영	곳 처	땅 지	옥 옥		없을 무	풀 해	벗을 탈	때 시	

5. 부처님과 같이 공경하리다

爾	時	에	惡	毒	鬼	王	이	合	掌	恭
너 이	때 시		악할 악	독 독	귀신 귀	임금 왕		합할 합	손바닥 장	공손할 공
敬	하여	白	佛	言	하시되	世	尊	하	我	等
공경 경		아뢸 백	부처 불	말씀 언		세상 세	높을 존		나 아	무리 등
諸	鬼	王	이	其	數	無	量	이라	在	閻
모두 제	귀신 귀	임금 왕		그 기	셈 수	없을 무	헤아릴 량		있을 재	마을 염
浮	提	하여	或	利	益	人	하며	或	損	害
뜰 부	끌 제		혹 혹	이로울 이	더할 익	사람 인		혹 혹	덜 손	해할 해
人	하여	各	各	不	同	은	然	是	業	報
사람 인		각각 각	각각 각	아닐 부	한가지 동		그럴 연	이 시	업 업	갚을 보

만약 업을 다시 맺게 되면 영원히 지옥에서 해탈할 때가 없을 것이다."

그때에 악독귀왕이 합장하고 공경히 부처님께 말씀드렸다.
"세존이시여, 저희들 모든 귀왕은 그 수가 한량이 없습니다.
염부제에서 혹 사람을 이익되게도 하며 혹 사람을 손해 보게도 하여 각각 같지 아니함은
업의 과보 때문에 그런 것입니다.

입니다	使	我	眷	屬	으로	遊	行	世	界	에
	하여금 사	나 아	돌볼 권	무리 속		놀 유	다닐 행	세상 세	경계 계	
多	惡	少	善		이라	過	人	家	庭	커나	或
많을 다	악할 악	적을 소	착할 선			지날 과	사람 인	집 가	뜰 정		혹 혹
城	邑	聚	落	莊	園	房	舍	에		或	有
성 성	고을 읍	마을 취	마을 락	꾸밀 장	동산 원	방 방	집 사			혹 혹	있을 유
男	子	女	人	이	修	毫	髮	善	事	하되
사내 남	아들 자	여자 여	사람 인		닦을 수	터럭 호	터럭 발	착할 선	일 사	
乃	至	懸	一	幡	一	盖	하며	少	香	少
이에 내	이를 지	달 현	한 일	깃발 번	한 일	덮을 개		적을 소	향기 향	적을 소
華	로	供	養	佛	像	과	及	菩	薩	像
꽃 화		이바지할 공	기를 양	부처 불	모양 상		및 급	보리 보	보살 살	모양 상
하며	或	轉	讀	尊	經	하며	燒	香	供	養
	혹 혹	구를 전	읽을 독	높을 존	글 경		불사를 소	향기 향	이바지할 공	기를 양

저희 권속들이 세계를 돌아다녀 보니 악함은 많고 선함은 적었습니다.
사람들의 가정이나 혹 성읍이나 마을이나 장원이나 주택을 지날 때,
혹 어떤 남자나 여인이 털끝만 한 작은 선이라도 닦으면서
한 개의 깃발이나 한 개의 일산이나 적은 향과 적은 꽃으로 불상과 보살상에 공양을 올리고,
혹 훌륭한 경문을 독송하거나, 향을 살라 법문의 한 구절 한 게송에 공양한다면

一	句	一	偈	라도	我	等	鬼	王	이	敬
한 일	글귀 구	한 일	게송 게		나 아	무리 등	귀신 귀	임금 왕		공경 경
禮	是	人		하되	如	過	去	現	在	未	來
예도 례	이 시	사람 인			같을 여	지날 과	갈 거	지금 현	있을 재	아닐 미	올 래
諸	佛		하여	勅	諸	小	鬼	에	各	有	大
모두 제	부처 불			칙서 칙	모두 제	작을 소	귀신 귀		각각 각	있을 유	큰 대
力	과	及	土	地	分	하여	便	令	衛	護
힘 력		및 급	흙 토	땅 지	나눌 분		곧 변	하여금 령	지킬 위	도울 호
하여	不	令	惡	事	橫	事	와	惡	病	橫
	아닐 불	하여금 령	악할 악	일 사	뜻밖의 횡	일 사		악할 악	병 병	뜻밖의 횡
病	과	乃	至	不	如	意	事	近	於	此
병 병		이에 내	이를 지	아닐 불	같을 여	뜻 의	일 사	가까울 근	어조사 어	이 차
舍	等	處	케하거든	何	況	入	其	門	戶	리까
집 사	무리 등	곳 처		어찌 하	하물며 황	들 입	그 기	문 문	집 호	

저희들 귀왕은 이 사람에게 공경하기를 과거, 현재, 미래의 모든 부처님과 같이 합니다.
그리고 모든 작은 귀신들로서 각각 큰 힘이 있고 토지를 맡은 이들에게 명령하여
즉시 호위하도록 하고 나쁜 일이나 횡액이나 몹쓸 병이나 마음에 맞지 아니한 일들이
이 사람의 집 근처에 얼씬거리지도 못하게 할 것입니다.
그런데 어찌 그 문 안에 들어가게 하겠습니까?"

佛	讚	鬼	王	하시되	善	哉	善	哉	라	汝
부처 불	기릴 찬	귀신 귀	임금 왕		착할 선	어조사 재	착할 선	어조사 재		너 여
等	과	及	與	閻	羅	天	子	는	能	如
무리 등		및 급	더불어 여	마을 염	그물 라	하늘 천	아들 자		능할 능	같을 여
是	擁	護	善	男	子	善	女	人	하나니	吾
이 시	호위할 옹	도울 호	착할 선	사내 남	아들 자	착할 선	여자 여	사람 인		나 오
亦	令	於	梵	王	帝	釋	하여	衛	護	汝
또 역	하여금 영	어조사 어	하늘 범	임금 왕	임금 제	풀 석		지킬 위	도울 호	너 여
等	하리라									
무리 등										

6. 나고 죽음에 임해서 꼭 지켜야 할 일

說	是	語	時	에	會	中	에	有	一	鬼
말씀 설	이 시	말씀 어	때 시		모일 회	가운데 중		있을 유	한 일	귀신 귀

부처님께서 귀왕을 칭찬하여 말씀하셨다.
"훌륭하고 훌륭하구나. 그대들 염라천자가 능히 이와 같이 선남자와 선여인을 옹호하니
나 또한 범천왕과 제석천에게 명령하여 그대들을 호위하게 하리라."

이 말씀을 하실 때에 법회 중에 한 귀왕이 있는데

王 하니		名	曰	主	命 이라		白	佛	言 하시되
임금 왕		이름 명	가로 왈	주관할 주	목숨 명		아뢸 백	부처 불	말씀 언
世	尊 하		我	本	業	緣 으로	主	其	閻
세상 세	높을 존		나 아	근본 본	업 업	인연 연	주관할 주	그 기	마을 염
浮	提	人	壽	命 하여		生	時	死	時 를
뜰 부	끌 제	사람 인	목숨 수	목숨 명		날 생	때 시	죽을 사	때 시
我	皆	主	之 하나니		在	我	本	願 하여는	甚
나 아	다 개	주관할 주	어조사 지		있을 재	나 아	근본 본	원할 원	심할 심
欲	利	益 이언마는		自	是	衆	生 이	不	會
하고자할 욕	이로울 이	더할 익		스스로 자	이 시	무리 중	날 생	아닐 불	이해할 회
我	意 하여		致	令	生	死 하여	俱	不	得
나 아	뜻 의		이룰 치	하여금 영	날 생	죽을 사	함께 구	아닐 부	얻을 득
安 케하나니		何	以	故 오		是	閻	浮	提	人
편안 안		어찌 하	써 이	연고 고		이 시	마을 염	뜰 부	끌 제	사람 인

이름을 수명을 맡은 귀왕이라 하였다. 그가 부처님께 말씀드렸다.
"세존이시여, 저는 본래 업연으로 염부제 사람들의 수명을 맡아
날 때와 죽을 때를 제가 모두 알아서 주관합니다.
제 본래의 원은 사람들에게 매우 큰 이익을 주고자 한 것이지만 이 중생들이 제 뜻을 알지 못하고
사람들의 나고 죽음을 이루게 한다 하여 모두 불안해합니다.
왜냐하면 이것은 염부제 사람들이

의	初	生	之	時	에		不	問	男	女	하고
	처음 초	날 생	어조사 지	때 시			아닐 불	물을 문	사내 남	여자 녀	
將	欲	生	時	에		但	作	善	事	하여	增
장차 장	하고자할 욕	날 생	때 시			다만 단	지을 작	착할 선	일 사		더할 증
益	舍	宅	하면		自	令	土	地	로	無	量
더할 익	집 사	집 택			스스로 자	하여금 영	흙 토	땅 지		없을 무	헤아릴 량
歡	喜	하여	擁	護	子	母	하여		得	大	安
기쁠 환	기쁠 희		호위할 옹	도울 호	아들 자	어머니 모			얻을 득	큰 대	편안 안
樂	하여	利	益	眷	屬	케하리니		或	已	生	下
즐길 락		이로울 이	더할 익	돌볼 권	무리 속			혹 혹	이미 이	날 생	아래 하
하여는	愼	勿	殺	生	이어늘		取	諸	鮮	味	하여
	삼갈 신	말 물	죽일 살	날 생			가질 취	모두 제	고울 선	맛 미	
供	給	産	母	하며		及	廣	聚	眷	屬	하여
아바지할 공	줄 급	낳을 산	어머니 모			및 급	넓을 광	모을 취	돌볼 권	무리 속	

아기가 처음 태어났을 때 남자나 여자를 불문하고
또 장차 태어나고자 할 때 착한 일을 하게 되면
집안에 이익이 더하고 토지신도 절로 기뻐함이 한량없을 것입니다.
자식과 어머니를 보호하여 큰 안락을 얻고 가족도 이로울 것입니다.
혹 아이를 낳은 뒤에도 조심하여 생명을 죽이지 말아야 합니다.
그런데 여러 가지 비린 것들을 가져다가 산모에게 먹이며, 널리 친척들을 모아놓고

飮	酒	食	肉	하며	歌	樂	絃	管	하여	能
마실 음	술 주	먹을 식	고기 육		노래 가	노래 악	줄 현	피리 관		능할 능
令	子	母		로	不	得	安	樂	케하나니	何	以
하여금 령	아들 자	어머니 모			아닐 부	얻을 득	편안 안	즐길 락		어찌 하	써 이
故		오	是	産	難	時	에	有	無	數	惡
연고 고			이 시	낳을 산	어려울 난	때 시		있을 유	없을 무	셈 수	악할 악
鬼	와	及	魍	魎	精	魅	가	欲	食	腥
귀신 귀		및 급	도깨비 망	도깨비 량	정할 정	도깨비 매		하고자할 욕	먹을 식	비릴 성
血	커든	是	我	早	令	舍	宅	土	地	靈
피 혈		이 시	나 아	이를 조	명령할 영	집 사	집 택	흙 토	땅 지	신령 영
祇	로	荷	護	子	母	하여	使	令	安	樂
땅귀신 기		멜 하	도울 호	아들 자	어머니 모		하여금 사	하여금 영	편안 안	즐길 락
하여	而	得	利	益	케하니	如	是	之	人	이
	말 이을 이	얻을 득	이로울 이	더할 익		같을 여	이 시	어조사 지	사람 인	

술을 마시고 고기를 먹으며, 노래하고 거문고 타고 피리 불어서
자모로 하여금 안락하지 못하게 합니다.
그렇게 하면 아이를 낳을 때에 무수한 악귀와 도깨비들이 비린내 나는 피를 먹고자 하는데
내가 미리 사택과 토지의 신들에게 지시하여 아이와 어머니를 옹호하여
그들로 하여금 안락하고 이익하게 합니다. 이와 같이

見	安	樂	故	로	便	合	設	福	하여	答
볼 견	편안 안	즐길 락	연고 고		곧 변	적합할 합	베풀 설	복 복		갚을 답
諸	土	地	어늘	翻	爲	殺	生	하여	集	聚
모두 제	흙 토	땅 지		뒤집을 번	할 위	죽일 살	날 생		모을 집	모을 취
眷	屬	할새	以	是	之	故	로	犯	殃	自
돌볼 권	무리 속		써 이	이 시	어조사 지	연고 고		범할 범	재앙 앙	스스로 자
受	하여	子	母	俱	損	케 하나이다	又	閻	浮	提
받을 수		아들 자	어머니 모	함께 구	덜 손		또 우	마을 염	뜰 부	끌 제
臨	命	終	人	을	不	問	善	惡	하고	我
임할 임	목숨 명	마칠 종	사람 인		아닐 불	물을 문	착할 선	악할 악		나 아
欲	令	是	命	終	之	人	으로	不	落	惡
하고자할 욕	하여금 령	이 시	목숨 명	마칠 종	어조사 지	사람 인		아닐 불	떨어질 락	악할 악
道	케하거든	何	況	自	修	善	根	하여	增	我
길 도		어찌 하	하물며 황	스스로 자	닦을 수	착할 선	뿌리 근		더할 증	나 아

안락함을 입었으므로 곧 복을 베풀어 모든 토지신들에게 보답해야 하거늘
도리어 산 것을 죽여 놓고 권속들을 모았으니 이것 때문에 재앙을 범하여 스스로 받으므로
자식과 어머니가 함께 손상을 입습니다.
또한 염부제에서 목숨을 마침에 이른 사람이 있으면 선악을 불문하고
저는 그 목숨을 마치는 사람으로 하여금 악도에 떨어지지 않도록 하고자 하는데,
하물며 스스로 선근을 닦으면서 제 힘을 도와주는 것이 되니 얼마나 다행이겠습니까.

力	故	리까	是	閻	浮	提	行	善	之	人
힘 력	연고 고		이 시	마을 염	뜰 부	끌 제	행할 행	착할 선	어조사 지	사람 인
이	臨	命	終	時	에도	亦	有	百	千	惡
	임할 임	목숨 명	마칠 종	때 시		또 역	있을 유	일백 백	일천 천	악할 악
毒	鬼	神	이	或	變	作	父	母	하며	乃
독 독	귀신 귀	신 신		혹 혹	변할 변	지을 작	아버지 부	어머니 모		이에 내
至	諸	眷	屬	하여	引	接	亡	人	하여	令
이를 지	모두 제	돌볼 권	무리 속		끌 인	이을 접	죽을 망	사람 인		하여금 영
落	惡	道	케하나니	何	況	本	造	惡	者	리까
떨어질 락	악할 악	길 도		어찌 하	하물며 황	근본 본	지을 조	악할 악	사람 자	
世	尊	하	如	是	閻	浮	提	男	子	女
세상 세	높을 존		같을 여	이 시	마을 염	뜰 부	끌 제	사내 남	아들 자	여자 여
人	이	臨	命	終	時	에	神	識	惛	昧
사람 인		임할 임	목숨 명	마칠 종	때 시		신 신	알 식	어리석을 혼	어두울 매

그러나 이 염부제에서 선을 행한 사람도 목숨을 마칠 때
또한 백천의 악도의 귀신들이 혹은 부모로 변신하고 또는 여러 권속으로 변하여
돌아가신 분을 인도하여 악도에 떨어지게 하거든
하물며 본래 스스로 악을 지은 사람이겠습니까.
세존이시여, 이와 같이 염부제의 남자나 여인이 명이 마칠 때를 당하면 정신이 혼미하여

하여	不	辨	善	惡	하며	乃	至	眼	耳	히
	아닐 불	분별할 변	착할 선	악할 악		이에 내	이를 지	눈 안	귀 이	
更	無	見	聞	커든	是	諸	眷	屬	이	當
다시 갱	없을 무	볼 견	들을 문		이 시	모두 제	돌볼 권	무리 속		마땅 당
須	設	大	供	養	하며	轉	讀	尊	經	하여
모름지기 수	베풀 설	큰 대	이바지할 공	기를 양		구를 전	읽을 독	높을 존	글 경	
念	佛	菩	薩	名	號	하면	如	是	善	緣
생각 염	부처 불	보리 보	보살 살	이름 명	이름 호		같을 여	이 시	착할 선	인연 연
으로	能	令	亡	者	로	離	諸	惡	道	하고
	능할 능	하여금 령	죽을 망	사람 자		떠날 이	모두 제	악할 악	길 도	
諸	魔	鬼	神	이	悉	皆	退	散	하리다	世
모두 제	마귀 마	귀신 귀	신 신		다 실	다 개	물러날 퇴	흩을 산		세상 세
尊	하	一	切	衆	生	이	臨	命	終	時
높을 존		한 일	온통 체	무리 중	날 생		임할 임	목숨 명	마칠 종	때 시

선악을 분별하지 못하고, 또한 눈과 귀로 아무것도 보고 들을 수 없습니다.
이때 그의 가족들이 마땅히 큰 공양을 베풀고 좋은 경문을 읽으며
부처님과 보살의 명호를 외워야 합니다.
이와 같은 선한 인연은 능히 망자로 하여금 모든 악도를 여의게 하며
모든 마와 귀신을 모두 흩어져 사라지게 합니다.
세존이시여, 일체의 중생들이 목숨을 마칠 때가 되어

에	若	得	聞	一	佛	名	커나	一	菩	薩
	만약 약	얻을 득	들을 문	한 일	부처 불	이름 명		한 일	보리 보	보살 살
名	하며	或	大	乘	經	典	一	句	一	偈
이름 명		혹 혹	큰 대	탈 승	글 경	법 전	한 일	글귀 구	한 일	게송 게
하면	我	觀	如	是	輩	人	은	除	五	無
	나 아	볼 관	같을 여	이 시	무리 배	사람 인		덜 제	다섯 오	없을 무
間	殺	生	之	罪	하며	小	小	惡	業	으로
사이 간	죽일 살	날 생	어조사 지	허물 죄		작을 소	작을 소	악할 악	업 업	
合	墮	惡	趣	者	라도	尋	卽	解	脫	하리다
적합할 합	떨어질 타	악할 악	갈래 취	사람 자		이윽고 심	곧 즉	풀 해	벗을 탈	
佛	告	主	命	鬼	王	하시되	汝	大	慈	故
부처 불	고할 고	주관할 주	목숨 명	귀신 귀	임금 왕		너 여	큰 대	사랑 자	연고 고
로	能	發	如	是	大	願	하여	於	生	死
	능할 능	필 발	같을 여	이 시	큰 대	원할 원		어조사 어	날 생	죽을 사

만약 한 부처님의 명호나 한 보살의 명호나
혹 대승경전의 한 구절이나 한 게송을 얻어 들을 수 있다면
제가 보기로는 이와 같은 사람들은 오무간지옥에 떨어질 살생의 죄를 제하고는
소소한 악업으로 악도에 떨어질 사람은 곧 해탈을 얻게 하겠습니다."
부처님께서 주명귀왕에게 말씀하셨다.
"그대는 크게 사랑하는 마음으로 능히 이와 같은 큰 원을 발하여

中 에		護	諸	衆	生 하나니		若	未	來	世
가운데 중		도울 호	모두 제	무리 중	날 생		만약 약	아닐 미	올 래	세상 세
中 에		有	男	子	女	人 이		至	生	死
가운데 중		있을 유	사내 남	아들 자	여자 여	사람 인		이를 지	날 생	죽을 사
時 어든		汝	莫	退	是	願 하고		總	令	解
때 시		너 여	없을 막	물러날 퇴	이 시	원할 원		다 총	하여금 령	풀 해
脫 하여		令	得	安	樂 케하라		鬼	王 이		白
벗을 탈		하여금 영	얻을 득	편안 안	즐길 락		귀신 귀	임금 왕		아뢸 백
佛	言 하되	願	不	有	慮 하소서		我	畢	是
부처 불	말씀 언		원할 원	아닐 불	있을 유	생각할 려		나 아	마칠 필	이 시
形 토록		念	念	擁	護	閻	浮	衆	生 하여
모양 형		생각 염	생각 념	호위할 옹	도울 호	마을 염	뜰 부	무리 중	날 생
生	時	死	時 에		俱	得	安	樂 케하려니와		但
날 생	때 시	죽을 사	때 시		함께 구	얻을 득	편안 안	즐길 락		다만 단

생사 중에서도 모든 중생들을 보호하니
만약 미래 세상 중에 남자나 여인이 있어 태어나거나 죽을 때에
그대는 이 원력에서 물러서지 말고 모두 해탈시켜 영원히 안락을 얻게 하도록 하라."
귀왕이 부처님께 여쭈었다.
"원컨대 심려하지 마십시오. 저는 이 몸이 마치도록 순간순간이라도 염부제 중생들을 옹호하여
태어날 때나 죽을 때에 모두 안락을 얻도록 하겠습니다.

願	諸	衆	生	이	於	生	死	時	에	信
원할 원	모두 제	무리 중	날 생		어조사 어	날 생	죽을 사	때 시		믿을 신
受	我	語		하여	無	不	解	脫	하여	獲	大
받을 수	나 아	말씀 어			없을 무	아닐 불	풀 해	벗을 탈		얻을 획	큰 대
利	益	이니다
---	---	---
이로울 이	더할 익	

7. 수명을 주관하는 귀왕이 성불의 수기를 받다

爾	時	에	佛	告	地	藏	菩	薩	하시되	是
너 이	때 시		부처 불	고할 고	땅 지	감출 장	보리 보	보살 살		이 시
大	鬼	王	主	壽	命	者	는	已	曾	經
큰 대	귀신 귀	임금 왕	주관할 주	목숨 수	목숨 명	사람 자		이미 이	일찍 증	지날 경
百	千	生	中	하여	作	大	鬼	王	하여	於
일백 백	일천 천	날 생	가운데 중		지을 작	큰 대	귀신 귀	임금 왕		어조사 어

다만 바라는 바는 모든 중생들이 나고 죽을 때에 제 말을 믿고 받아들이면
해탈하지 못할 사람이 없을 것이며 큰 이익을 얻을 것입니다."

그때에 부처님께서 지장보살에게 이르시었다.
"이 대귀왕은 수명을 맡은 자로 이미 백천 생을 지내면서 대귀왕이 되어서

生	死	中	에	擁	護	衆	生	하나니	如	是
날 생	죽을 사	가운데 중		호위할 옹	도울 호	무리 중	날 생		같을 여	이 시
大	士	慈	悲	願	故	로	現	大	鬼	王
큰 대	선비 사	사랑 자	슬플 비	원할 원	연고 고		나타날 현	큰 대	귀신 귀	임금 왕
身	이언정	實	非	鬼	也	라	却	後	過	一
몸 신		바탕 실	아닐 비	귀신 귀	어조사 야		물리칠 각	뒤 후	지날 과	한 일
百	七	十	劫	하여	當	得	成	佛	하리니	號
일백 백	일곱 칠	열 십	겁 겁		마땅 당	얻을 득	이룰 성	부처 불		이름 호
曰	無	相	如	來	며	劫	名	은	安	樂
가로 왈	없을 무	모양 상	같을 여	올 래		겁 겁	이름 명		편안 안	즐길 락
이요	世	界	名	은	淨	住	라	其	佛	壽
	세상 세	경계 계	이름 명		깨끗할 정	살 주		그 기	부처 불	목숨 수
命	은	不	可	計	劫	이니라	地	藏	菩	薩
목숨 명		아닐 불	가히 가	셈 계	겁 겁		땅 지	감출 장	보리 보	보살 살

삶과 죽음 가운데를 오가면서 중생들을 보호하고 있다.
이와 같이 보살의 자비스러운 원력 때문에 대귀왕의 몸을 나타냈을지언정
실상은 귀신이 아니다. 이후 일백칠십 겁이 지나면 마땅히 불도를 성취할 것이니
명호는 무상여래라 하고, 겁의 이름은 안락이며, 세계의 이름은 정주라 할 것이며,
그 부처님의 수명은 가히 겁으로 헤아리지 못할 것이다.

아	是	大	鬼	王	의	其	事	如	是	하여
	이 시	큰 대	귀신 귀	임금 왕		그 기	일 사	같을 여	이 시	
不	可	思	議		며	所	度	天	人	도	亦
아닐 불	가히 가	생각 사	의논할 의			바 소	법도 도	하늘 천	사람 인		또 역
不	可	限	量	이니라						
아닐 불	가히 가	한할 한	헤아릴 량							

지장보살이여, 이 대귀왕에 관한 일은 이와 같이 불가사의하며 그가 제도한 하늘과 사람들의 수는 또한 헤아릴 수가 없다."

〈제2권 끝〉

사경 발원문

사경 끝난 날 :   년   월   일

_____ 두손 모음

如天 無比

1943년 영덕에서 출생하였다.
1958년 출가하여 덕흥사, 불국사, 범어사를 거쳐 1964년 해인사 강원을 졸업하고 동국역경연수원에서 수학하였다.
10여 년 선원생활을 하고 1976년 탄허 스님에게 화엄경을 수학하고 전법, 이후 통도사 강주, 범어사 강주,
은해사 승가대학원장, 대한불교조계종 교육원장, 동국역경원장, 동화사 한문불전승가대학원장 등을 역임하였다.
2018년 5월에는 수행력과 지도력을 갖춘 승랍 40년 이상 되는 스님에게 품서되는 대종사 법계를 받았다.
현재 부산 문수선원 문수경전연구회에서 150여 명의 스님과 300여 명의 재가 신도들에게 화엄경을 강의하고 있다.
또한 다음 카페 '염화실'(http://cafe.daum.net/yumhwasil)을 통해
'모든 사람을 부처님으로 받들어 섬김으로써 이 땅에 평화와 행복을 가져오게 한다.'는 인불사상人佛思想을 펼치고 있다.

저서로
『대방광불화엄경 강설』(전 81권), 『무비 스님의 유마경 강설』(전 3권), 『대방광불화엄경 실마리』, 『무비 스님의 왕복서 강설』,
『무비 스님이 풀어 쓴 김시습의 법성게 선해』, 『법화경 법문』, 『신금강경 강의』, 『직지 강설』(전 2권), 『법화경 강의』(전 2권),
『신심명 강의』, 『임제록 강설』, 『대승찬 강설』, 『당신은 부처님』, 『사람이 부처님이다』, 『이것이 간화선이다』,
『무비 스님과 함께하는 불교공부』, 『무비 스님의 증도가 강의』, 『일곱 번의 작별인사』,
무비 스님이 가려 뽑은 명구 100선 시리즈(전 4권) 등이 있고
편찬하고 번역한 책으로 『화엄경(한글)』(전 10권), 『화엄경(한문)』(전 4권), 『금강경 오가해』 등이 있다.
또한 사경집으로 『대방광불화엄경 사경』(전 81권), 『금강반야바라밀경 사경』, 『반야바라밀다심경 사경』, 『보현행원품 사경』,
『관세음보살보문품 사경』, 『천수경 사경』, 『묘법연화경 사경』(전 7권), 『법화경약찬게 사경』 등 무비 스님의 사경 시리즈가 있다.

무비 스님의 지장경 사경 제2권

| 초판 1쇄 발행_ 2022년 6월 22일

| 지은이_ 여천 무비(如天 無比)
| 펴낸이_ 오세룡
| 편집_ 박성화 손미숙 전태영 유지민
| 기획_ 최은영 곽은영 김희재 진달래
| 디자인_ 박소영 고혜정 김효선
| 홍보 마케팅_ 이주하
| 펴낸곳_ 담앤북스
    서울특별시 종로구 새문안로3길 23 경희궁의 아침 4단지 805호
    대표전화 02)765-1251 전송 02)764-1251 전자우편 damnbooks@hanmail.net
    출판등록 제300-2011-115호
| ISBN 979-11-6201-051-8 (04220)
| ISBN 979-11-6201-049-5 (세트)

정가 10,000원

ⓒ 무비스님 2022